恐怖箱

煉獄百物語

加藤 一
編著

神沼三平太
高田公太
ねこや堂
共著

竹書房
怪談
文庫

※本書に登場する人物名は、様々な事情を考慮してすべて仮名にしてあります。また、作中に登場する体験者の記憶と体験当時の世相を鑑み、極力当時の様相を再現するよう心がけています。現代においては若干耳慣れない言葉・表記が登場する場合がありますが、これらは差別・侮蔑を意図する考えに基づくものではありません。

巻頭言　箱詰め職人からのご挨拶

加藤一

本書、『恐怖箱 煉獄《れんごく》百物語』は、百話の実話怪談を集めた選集である。聞いた、体験した、本当にあった怖い話を、夏の夜長に蝋燭《ろうそく》の炎を吹き消しながら語り明かす。それが百物語である。我々は、これまでに九年、九回の百物語を重ねてきた。『百聞《ひゃくぶん》』『百舌《もず》』『百眼《とどめ》』『切裂《きりさき》百物語』『彼岸百物語』『常闇《とこやみ》百物語』『魍魎《もうりょう》百物語』『八裂《やつざき》百物語』『祟目《たたりめ》百物語』そして本書でちょうど十年目。十巻、千話となる。

一口に怖い話と言っても百物語で語られるそれは実に多様だ。

時に戦き、時に怯え、時に泣き叫び、時に虚を突かれ、時に噴き出すこともある。確かに思いがけず、あり得ず、恐ろしく、そして奇妙である。信じられぬ、と眉を顰《ひそ》める話もあろうし、凶悪な大長編怪談に匹敵する怨霊譚の端緒のようなものが、唇の端を歪めて口を開いていたりもする。読み取る側を試すようなものまである。我々の選りすぐった百話の怪談は、およそ分かりやすい筋の通った納得できる品のいい恐怖譚、ばかりではない。

では皆さんには、これから行儀の悪い怪談を楽しんでもらおうと思います。

さ、どうぞ。

目次

■……加藤 一
◆……神沼三平太
▲……高田公太
●……ねこや堂

冷蔵庫

開ける。
ジャムが見つからない。
上段の手前に置かれた、惣菜が入ったタッパーを脇へ。
キムチも脇へ。マーガリンを一段下へ。
あった。
手を差し込む。
と、ぎゅっと人差し指を掴まれる。
ひゃっ。
声を上げ、慌てて手を引っ込める。
人差し指にベットリと、苦手なマヨネーズが付いている。
まじまじと庫内を見ても、マヨネーズは見当たらない。
生まれてこの方、マヨネーズを買ったことはないのだ。

おばあちゃんの我が儘《まま》

「祖母の我が儘っぷりったら、本当に凄いものでした」

霧島さんは、そう笑った。

母親に言わせれば、家の浪費の八割以上は祖母によって行われていたらしい。

普段は家族思いのいいおばあちゃんだったが、これと決めたら絶対にテコでも動かない。

着るものも食べるものも、自分が気に入ったものに限る。それは値段が安いとか高いとかではなく、ただ彼女が気に入ったか気に入らなかったかが条件だった。

気に入った温泉宿があれば、どんな天候気候体調であったとしても、必ず訪れた。

食べたい果物があれば、どんなに季節外れであろうが、大枚叩いて購入した。

都内から北陸まで寿司を食べにタクシーを飛ばすことさえあった。

そうなるとお金の出処が気になるところだが、彼女は気に入った会社の株を所持するのが若い頃からの趣味だった。そして何十年も保持した会社の株を売って、それを老後の楽しみに充てていた。

ただ彼女は、他人は自分の我が儘では動かないと分かっていた。

だから、霧島さんも祖母から何かを強制されたということがない。

そこは筋が通っていた。


「でもね、最期に祖母は大きな我が儘を通したんですよ」

祖母には、よく一緒に旅行に行くような、女学校時代の同級生が二人いた。

彼女達とは、死ぬときは一緒と約束をしていたらしい。

霧島さんも見守る中、祖母は死の床で呟いた。

「あいつらを絶対に連れていく」

それが最期の言葉だった。


後に霧島さんは母親の口から、その同級生二人も同じ時刻に亡くなったのだと聞かされた。他の誰にも聞かれてはなるまいと、小声で話す母の口調は、側から見て気の毒になる程に真剣なものだった。

ゆらゆら

山田さん一家は、富士の裾野にあるサファリパークの帰りに、折角遠出してきたのだからと、青木ヶ原樹海に寄ることにした。だが、出発したのがたっぷり遊んだ後だったこともあり、着いたときにはとっぷり日が暮れて辺りは既に暗闇に包まれていた。

「もうちょっと早く来れば良かったな」

ハンドルを握る父親が、残念そうに零した。山田さんも苔に包まれた鬱蒼《うっそう》とした森を見てみたかったが、国道からは、既に黒い塊がそこにあるようにしか見えない。せめて樹海の雰囲気を少しでも味わおうと、額を窓にくっつける。

窓を開けると虫や暑い空気が入ってくるので、母親から文句が出る。だからそれぐらいしかできなかった。

暗い国道から、なおも暗い樹海の奥を眺めていると、光すら届かない森の奥に、ぽつぽつと灯る赤い光を見つけた。

視線で追うと、幾つもの弱々しい光の点が、まるで街灯のように並んでいる。自分達の走っている国道には街灯がないにも拘わらず、だ。

「お父さん、樹海の中に道ってあるの？」

「あるぞ。自由に歩ける遊歩道もあるんだよ。もう少し早ければ行けたんだがなぁ」

「じゃあそれかなぁ」

しかし、じっと見ていると、その赤い光はゆらゆらと動いている。街灯ほどには明るくないし、あれは何だろう。

おかしいなぁと思った直後に、赤い光が視界に飛び込んだ。

同時に身体がシートベルトに食い込んだ。父親が急ブレーキを掛けたのだ。

何があったか、などと訊くまでもなかった。樹海の間を縫う国道を、真っ赤な火の玉が、ゆらりゆらりと動きながら、ゆっくりと横断していた。

少ししてそれが樹海の中へ消えたのを確認すると同時に、車は急発車した。

後で聞いたところによると、運転手の父親には、黒い人影の心臓の部分に、火の玉が動いているように見えていたとのことだった。

片合掌

「なぁ、聞こえるか」

水筒からコーヒーを飲んでいた杉山が、不意に耳を澄ませた。

つられて目を瞑って息を潜めると、確かに遠くから何か聞こえる。

「何だこの音」

「声だな。歌ってるみたいだ」

いや、それはないだろう。平日深夜の富士の樹海である。しかも真冬で時刻はそろそろ零時になろうとしている。

そう杉山に伝えると、彼は黙ったままテントから外に出た。

「気のせいじゃないぞ」

彼の言葉に、後から続いてテントを出る。気温が随分と下がっている。

「やっぱり寒いな」

「風がないからまだマシだ」

樹海は木々が防風林代わりになって、強い風が吹かないのだ。

それよりも、両耳に手を当てて、音の方向を確かめる杉山が気になった。

「移動してる。結構速い」

杉山が呟いた。

彼は先ほど、聞こえてくるのは歌だと言った。そうなると何かが歌いながら移動しているというのか。この真っ暗な樹海の中を。

「いや、これ歌じゃないな。多分、お経か何かだ」

その言葉に再び耳を澄ますと、確かに何か歌っているような、呪文のようなものを唱えているような低い声が聞こえた。内容は分からないが、男の声だというのは分かった。

首を何度も振りながら音の定位を試みていると、杉山が心細そうな顔で振り返った。

今までのキャンプで、彼がこんな不安そうな顔をしたのを見たことがない。

「おい、どうした。何かあったのか」

「……近付いてきてるんだよ。こっちに。まっすぐ」

テントに逃げ込むのと、このままでいるのと、どちらが良いのだろう。

分からない。杉山もただ音が聞こえてくるほうを睨みつけているだけだ。

身動きが取れないまま、一分、二分と時間が過ぎていく。

既にお経は、耳を欹《そばだ》てなくても聞こえてくる。

「これ、ずっとまっすぐ近付いてきているよな」

そう小声で確認すると、杉山は頷いた。

「この声の人、木の根とか、溶岩とか、足元はどうしてるんだ」

それを遮《さえぎ》るようにして杉山が暗闇を指さした。

樹海の濃い暗闇は、ほんの数メートルの距離に誰かが立っていても分からない。テントの内側にぶら下げたランタンの心細い光も、森の奥までは照らしてはくれない。

だが、杉山が指さす先には、速度も落とさずにまっすぐに移動する黒い影がはっきりと見えた。どうやら近くを通るようだ。我々に用があるのか。覚悟を決めなくては。

お経を唱える声はますます近付いてくる。

声の方向をじっと睨んでいると、不意に目の前に墨染の法衣を纏った僧侶が現れた。

禿頭に墨染めの法衣。鼻先に揃えた指先で、片合掌のまま木々の間を通り抜けていく。

僧侶は小走りでも追いつけないような速度で目の前を通り過ぎた。

彼の唱えるお経の声も離れていき、暫《しばら》くして聞こえなくなった。

翌朝、昨晩の僧侶の通り過ぎた辺りを確認した。だが、木々が絡まるようにして生えており、通り過ぎることなどできるような状態ではなかった。

男女七人

夏。

海辺のキャンプ場。時刻は正午過ぎ。

老若男女がごった返し、そこかしこでバーベキューが行われている。

ソロキャンパーの愛菜さんはそんな光景を尻目にチェアに腰掛け、ゆっくりと缶ビールを傾けていた。

人混みも何のその。山でも海でもテントとキャンプ場があれば、それでリラックスできる。自分のスペースで飲んで寝て食べて、それだけでいい。愛菜さんは喧騒の中でゆるゆると自分の時間を過ごしていた。

ふと見ると愛菜さんの根城の横に、いつの間にか大きなテントが張られていた。

さっきまではもっと小さなテントがあり、三人組の女子が何やら料理をしているのを見た気がするのだが、今では七人組の男女がビールケースに腰掛け何事かを話し合っている。この短時間でこれほどの入れ替えがあったのなら、気が付いても良さそうなものだ。

自分は思っていたよりも酔っているのかもしれない。愛菜さんはそんなことを思いながら隣人達を確認した。

その一団は皆長袖の上衣を着ていて、季節に似つかわしくない服装に思えた。飲まず食わずで神妙な表情を浮かべて話し合うばかりというのも、どこか目を引く。灰色のテントは年代物らしく色褪せが目立つ。

愛菜さんの目線がじろじろと向けられても、一団は全く気付かない様子で、顔を寄せ合って話し込んでいた。

何を話しているんだろう。

愛菜さんは尚一層に凝視した。

「……」

「……」

辺りが騒がしいせいか一向に会話が聞こえない。

まあ、いいか。

と思った瞬間、一斉に男女が愛菜さんのほうを向き、全員と目が合った。

「……すみません」

尋常ではない彼らの眼光に怯え、愛菜さんは無遠慮な眼差しを素直に謝罪した。

すると、彼らはまるで申し合わせたように同時に立ち上がり、海へ歩き出した。

着衣のまま、海へ入っていく男女。

まずは足。次に腰。首までが波に沈む。

愛菜さんは彼らが何をしたいのか分からず、その奇行に目を奪われた。

遥か遠くで、いよいよ皆が海へ消えた。

ハッと我に返り改めて横を見ると、女性三人組が小さなテントの前でピザを食べていた。

渚にて

盆中に帰省した折に、何となく夜の浜辺を散歩した。

黒々とした波のうねりを見ながら、砂浜の上を南へ行く。

月と星の明かりだけを頼りに歩いた。

と、前方から長髪と幅の広いスカートを大きくなびかせて、女が走ってくるのが見えた。

何かに追いかけられているのか、手足の振りから必死さが感じられた。

「いた！　いた！　いた！　いた！」

女が近付くに連れて、そう声を発しているのが分かった。

「いた！　いた！　いた！　いたーーー！」

あと五メートルほどで自分のところに到着しそうだ。

「いたーーー！」

いつしか目がはっきりと合う程まで接近し、女が浜辺を歩く自分を見つけてそう言っているのが分かった。

ドレスを思わせる黒のワンピース。それ自体が光を放っているかのような色白の肌。眉毛はなく、唇は紫に染まっている。

何よりも、女の双眸《そうぼう》から溢れる狂気が身体を竦《すく》ませた。

幾ら近付けども速度を緩めない女が、どんっ、と自分にぶつかり、思いきり冷たいシャワーを浴びせかけられたような不快感を感じた。

一度視界が真っ白になり、また浜辺の風景が戻ったとき、着衣がずぶ濡れになっていることが分かった。

ポニーテール

一瞬の光景だった、と慶子さんは言う。

女子校の教室。

「いてって。あははは。ちょっと、やめて」

休み時間。

同級生が笑いながら、机の列の間を後退りしていた。

ポニーテールが重力に逆らって、斜め上にピンと立っていた。

まるで、透明人間に髪の毛を引っ張られているかのように、その同級生は後ろ歩きをしていたのだ。

どうやっているのだろう、と思った。

そのまま教室の後ろの壁に、ドンとぶつかってしまった彼女のハッとした表情を見るに、どうやってもいないことが分かった。

22

黄昏

秋。

近所の小さな公園。

温かい缶コーヒーを買い、ベンチに腰を下ろす。

見渡す限り、辺りには誰もいない。

一見近くに見える公営住宅はその実、歩くと遠い。

ふぅと息を吐き、瞼を閉じる。

次に目を開けたときに、あっ、と思う。

いつの間にか隣に女性が座っている。

黒いトレンチコート。黒いハットのつばは広い。

現代の魔女のように思えたのは、西洋人の血が窺《うかが》える高い鼻を持っていたからだろうか。

ぴゅう、と風が吹くと一瞬でその魔女は消えた。

流砂のように、散って消えたのだ。

迎えの人

黒森さんの祖母は女学生のときからの友人がおり、老齢になっても、その交友は続いていた。

ある日、彼女は友人二人と温泉郷に向かった。そこにある一軒の温泉宿には過去に何度も逗留しており、馴染み客だった。

その日は駅に着くと、既に迎えの人が立っており、何やらニコニコと笑顔を見せながら旗を振ってくれていた。そのとき、やけに楽しい気分になった。

どうしたものかしら。年甲斐もなくわくわくしちゃってるわ。

楽しいわねぇ。いつもと違って、あたし達に特別に旗振ってくださったからかしら。

そんなことを言い交わしつつ、迎えの人の元にトランクを転がしながら集合する。他の客はおらず、三人だけのようだ。

ただ、不思議なことに、いつもなら大型の車で迎えに来てくれているはずの、その車が見えない。

どうしたのかしらと引っかかっていると、迎えの人が微笑んだ。

「本日は気候も良いですから、少しお散歩でもしながら旅館に向かいましょう。すぐですから」

案内の人はそう誘ってくれた。

え。いつもなら車で送っていただくくらいなのだから、結構遠いのではないかしら。

そう思ったが、思い返してみれば車でもそんなに時間は掛からなかったはずだ。

三人は皆で顔を見合わせ、うんうんと頷いた。

迎えの人に先導されて歩き始めた。

歩いてみると、初秋だったこともあり、とても気持ちが良かった。

旅館にはあっという間に着いた。こんなに近かったんだと思った。次からは歩くことにしよう。帰りも歩いたっていい。

早速部屋に通され、美味しそうなお茶請けの和菓子とお茶を出してもらい、三人でのお喋りも弾んで、とても楽しい時間を過ごした。

そのうち、三人はいつの間にか寝てしまった。

次に気が付いたときには、旅館の人に揺り起こされていた。

周囲も暗い。停電かしらと思って起き上がると、周囲は林だ。随分と気温も下がっている。

「いやはや、心配しましたよ」

車の中で旅館の人が言うには、迎えの時間に駅に行っても三人に会うことができず、連絡もないので、何かあったのではないかと方々を探したとのことだった。

そうしているうちに日も落ちて暗くなった。一旦旅館へ戻ろう、と駅からの道すがら通り掛かった林の横に、トランクが三つ転がっている。

訝しんだ彼は、車を降りて林の奥に踏み込んだ。そこで三人が落ち葉の上で縮こまって寝ているのを見つけたとのことだった。

三人は身体が冷えきっていたので、先に温泉に入るように案内された。

その後、念の為にと医者を受診することになったが、幸い身体には異状はなかった。

ここまで話を聞いていた黒森さんが、大変だったねと言うと、祖母は微笑んだ。

「でも、楽しかったわ。あのお迎えの人、きっと今も時々そうやって、皆を楽しませてくれているんでしょうね」

横須賀の民宿

神尾さんの父親が若い頃、会社の社員旅行で横須賀の民宿に泊まったのだという。

初日の夜、宴会もお開きになって皆が寝静まった頃、彼はトイレに行こうと襖をそっと開けて部屋を出た。

目的の場所は、部屋の入り口から数歩のはずだった。

だが、部屋から出てみると、何十メートルにも亘って、まっすぐに廊下が伸びている。ずっと向こう。廊下の端のほうにトイレの入り口を示すサインが見える。

どうしてこんなことになっているのだろう。

とにかく歩けば辿り着くだろう。そう歩き出してはみたものの、切羽詰まってきているのに、なかなか辿り着けない。

多少酒が入っているとはいえ、意識ははっきりとしている。トイレの位置や建物の間取りも頭に入っている。そもそも小ぢんまりとした民宿の二階に、こんなに長い廊下はありえないのだ。

納得できないまま、何とか歩いてトイレまで辿り着いて用を足した。あと僅かで限界だった。

トイレから出ると、部屋の襖は目と鼻の先の位置に戻っていた。

化かされているのだろうか。馬鹿にされているのだろうか。

釈然としないまま、それでは寝直そうと自室の襖を開けると、今度は部屋の中が異常に暗い。

光がなくて暗いというよりも、空間そのものが真っ黒な塗料か何かで塗り潰されたかのようだった。

——ははん。もう騙されんぞ。

廊下のことの後だったこともあり、彼は冷静さを取り戻していた。

一度襖を閉めて一呼吸置いてから再び開ける。

すると、そこには部屋を出る前と同じように豆球が灯っていて、同僚達が何事もなかったかのようにイビキをかいていた。

泥手形

数年前、祥子さんが警備員の仕事をしていたときの話である。

最初に気付いたのは現場のプレハブ小屋のドアだった。

ドアの表面にベッタリと泥の手形が付いていた。土木作業員の誰かが、汚れた手のまま触れたのだろうか。彼女は備え付けの雑巾で汚れを拭き取った。

次に泥まみれになったのは、同じドアのノブの部分だ。同じ人がやったのだろうか。より悪質になっている。皆が使うものなのに、どうしてこんなことをするのだろうと思いながら水で洗い流した。

ドアが汚れてから二週間ほどした頃だろうか。

業務が少し早く終わったので、布巾でプレハブ内部のテーブルを拭き上げた。皆が食事や休憩に使うのだから、綺麗であるに越したことはない。

作業を終えて外で洗った布巾を干し、戻ってテーブルを見ると、ベットリと黒い泥汚れが付いていた。

誰かの嫌がらせだろうか。そう考えたが、疑っている時間がもったいない。彼女はもう一度拭き直し、それ以後は気にしないようにした。

数日経つ頃には、テーブルはべたべたと付けられた大量の手形で汚れきっていた。

いつもこうだ。

祥子さんはその状況を見てげんなりした。


数年経ち、彼女は別の仕事に就いた。

「気を付けて。汚れてるよ」

そう言われたのは、帰りに自転車に乗ろうとしたときだった。

同僚に指摘されたのは、自転車の後ろにある泥除けだった。

両手で掬《すく》い上げた泥を、そのまま擦りつけたかのように、泥汚れがベッタリとこびり付いている。

転職して以来、人間関係も良好だ。

こんなことをされる理由が思い当たらない。

とりあえず持っていたお茶を掛けて汚れを流す。幸いすぐに汚れは取れた。胸を撫で下ろして自転車に乗って帰った。

またある日は、昼食を外で食べ終えて自分の席へ座ると、机上の紙に泥汚れが擦りつけられていた。

「誰か汚れた手で触りました？」

周囲に訊いてみたが、誰も心当たりがないと言う。そもそも泥に汚れた手で、オフィスに入る人がいるだろうか。

拭き取っているとき、ただの泥ではないと気付いた。ヘドロとでもいうのだろうか。油分の混じった汚泥のようだ。こうなると、ますます犯人が分からない。


それをきっかけに、彼女の周りに泥の手形が付けられていることが増えた。

乗せてもらった社用車のボンネット。会社の休憩室の壁。机の上や椅子の背もたれ。自転車置き場の柵。

数え出すときりがない。

ただ、頻繁というほどでもない。「ああ、またか」で終わるくらいの頻度。

よくあること、ちょっと不思議だと思うくらいのこと。

当時からしてみたら随分減ったが、今も泥の手形は忘れた頃に現れる。

未だに理由は分からない。

たまに洋服や本、机などにも泥が付いている。もちろん、余りいい気はしない。

幻視

駅で電車を待っていた。

この駅はＪＲだけで十七本も路線があり、高架の上にホームがある。そこから駅裏のほうをぼんやり眺めていた。

——キイイイイイン。

突然の大きな耳鳴り。

耳を押さえ、思わずその場で蹲《うずくま》る。耳鳴りが治まって手を離す。

音が——ない。

己の周りから一切の音が消えている。驚いて顔を上げた。

低い建物が透けて、今見えている風景と重なっている。

いや、建物をうっすら凸凹で表現された透明なフィルムを、今現在の視界の上に載せたような風景、といったほうがいいか。

現在の風景に昔の同じ場所の風景を重ねたような——。

向かいのホームの人達は動いているし、電車も走っている。だが、音は失われているし、視界は透明な景色が重なったままだ。訳も分からずただ戸惑う。

「君、具合悪いの？」

どれくらいそうしていたのか、駅員に声を掛けられて振り返った。耳が拾ったのはいつもの喧騒だ。視界も元に戻っている。

あれは――何だったのか。

その後、何度もこの駅を使っているが、あのような体験は後にも先にもこれっきりである。

絵画展

夫婦は「観覧無料」と書かれた看板に惹かれて、そのギャラリーに入った。

小さな油彩の抽象画がずらりと並んでいて、なかなかに見応えがあった。

とはいえ、元々夫婦とも芸術には明るくない。

それなりに良いものに思えたが、購入とまでは踏み切れない。

画商か作家か、パイプ椅子に座る中年男性に目礼をして、ギャラリーを出た。

「何か、難しかったけど面白かったね」

夫は照れ臭そうに妻に言った。

「難しいとは思わなかったけど、ちょっとグロテスクじゃなかった？」

妻は不安げにそう言った。

「ああ。そう？　芸術の捉え方は人それぞれだから」

「だって、赤い色ばっかでさ。あれ、血でしょ？　女の人が血を流しているってことじゃないの？」

夫は妻の言葉に暫し考え込む。

はて、女の人とは。目立った赤色の絵なんかあっただろうか。

「俺、その絵を見てないみたい。全然分からない」

「見てないって……。全部、同じような絵ばかりだったじゃない」

ますます不可解なことを言ってくる。

確かにそれぞれの抽象画のタッチは似ていたが、「同じような絵」とは暴論が過ぎる。

「それ、どれのこと?」語調を強めて問い詰めた。

「もう一回、見に行く?」

馬鹿にされた妻も負けていない。

夫婦は踵《きびす》を返して、来た道を戻った。

が、ギャラリーはどこにも見つからなかった。

東京は神田であった話である。

ラインマン

道路工事に関係する職人の中には、ラインマンと呼ばれる人たちがいる。一般道や高速道路で白線や標示を道路に描く職人だ。別名をライン屋、白線師ともいう。

白線の素になる液体を熱してどろどろに融かし、ライナーと呼ばれる機材を用いて道路に線を引いていく。区画線工事に於ける花形とも言える。

万蔵さんはベテランのラインマンだ。路面標示施工技能士の国家資格も持っている。管理者として路面標示を描く工事に立ち会うことも多い。

道路に線を引き続けてきた彼にも、稀に理解できないことが起きるという。

今し方引いたばかりの熱を持った白線を横切るようにして足跡がついていく。

確認しても、周囲には誰もいない。線自体が冷えて固まる前であれば、靴底に付着した塗料を引き摺ったような痕も残るはずだが、それもない。不思議なことだが、それよりも、こんな中途半端な仕事を残す訳にはいかない。即座に塗り直しである。

場所は首都高。そこでの工事は普段の数倍もの時間が掛かったという。

穴二つ

皆本さんは、とあるゴルフコンペに参加したときに出会った自称「霊能力者」のホステスから、「あなたの右腕はもう諦めたほうがいい」と言われた。

不躾《ぶしつけ》なその言葉に腹が立った皆本さんは「ああそう。あんたは左の腕を諦めなよ」と、皮肉を返した。

その三年後、皆本さんは土木建設作業中の事故が原因で、右腕の切断を余儀なくされた。

更に二年後、くだんのホステスが激昂した同棲相手に車で轢《ひ》かれ、左腕を失ったことを聞いた。

ウェルカム・トゥ・ザ・ジャンゴー

中本が住むアパートの隣室には、かつて若い男性が住んでいた。

朝、スーツを着て鍵を閉める姿を廊下で見かけたことが何度もあり、会話こそないにせよ彼が勤め人だということは知っていた。夜には革ジャンや物騒なイラストが描かれたTシャツを着て、近所を歩く姿を時々見た。ロックバンドでもやっているのだろう、そんな出で立ちのときはギターケースを持っている場合もあった。真面目そうな顔つきで、生活音も騒がしくないことから、中本は彼を隣人として好ましく思っていた。ギターを持った若者からは、老いてしまった自分にはないエネルギーを感じる。夢を追えるのは彼らの専売特許なのだ。

中本がアパートに引っ越してきたときには、既に若者はその部屋にいた。

いつからいるのかは分からずじまいのまま、隣人として三年ほど住んでいた頃、彼は亡くなった。

家財を片付けに来た彼の家族から中本は訃報を聞いた。

「元々、心臓が悪くて。職場で倒れたまま……すみません。お世話になりました」

世話もしていないし、謝る必要もない。

「そうですか……お悔やみ申し上げます。直接関わりはありませんでしたが、気持ちの良い若者と思って見ていました……いつ、亡くなられたんですか？」

「もう一週間前……私達もちょっと……悲しくて……片付けも遅れてしまいまして……」

次第に上ずっていく母の声に、こちらも貰い泣きをしそうになる。

それにしても、一週間前……か。

ならば。


夜。ドシドシと廊下を歩く音が鳴り響く。

ガチャン、という音は乱暴に隣室のドアが開かれた証しだ。

酔っているのだろうか、部屋の中を力強くうろつく振動がこちらの部屋にも伝わる。

ウェルカム・トゥ・ザ・ジャンゴー！

甲高い一声。

何か良いことでもあったのだろうか。

頑張れよ若者。

時々はそんな風に行儀が悪くても、いいんだぜ。

すわギターも弾きだすかと期待したが、すぐに静かになった。

頑張れよ若者。

俺も頑張るわ。


そう思ったのが三日前のことだ。

中本は結局、廊下で泣いてしまった。

「彼は……彼は、気持ちの良い若者だったんです。お母さん……ううっ」

「ええ。ええ。ほんとに……何だか、すみません……うっ」

彼の兄弟らしき男が、ギターのハードケースを抱えて部屋から出てきた。

ケースにはガンズ&ローゼスのステッカーが貼られていた。

40

壁際の声

京子さんが今のアパートに引っ越した直後、壁際にはまだ段ボールが積まれていた。

その段ボールの積まれた壁の辺りで何かが動く。

気のせいだと考えるようにしても、余りにも頻繁に起きる。

ペットを飼っている訳でもないし、虫が出るような季節でもない。

リフォーム済みで、不動産屋からも特に変なことは言われていない。

それでも、段ボールの積まれた壁際が気持ち悪い。

とはいえ荷物を片付けない訳にはいかない。暇を見つけては梱包を解き、少しずつ段ボールを減らしていく。

すると、今まで段ボールの積まれていた位置に、今度ははっきりとした人影が通っていくようになった。うっすらとした黒い靄《もや》のようなもので、それが通っては消えていく。

気持ちが悪いので、誰かに相談したい。

京子さんは、会社の同僚の知り合いである占い師とメールアドレスを交換していたことを思い出した。

その人に連絡を取って相談すると、それは霊道だろうと教えてくれた。亡くなった人が列を作って、一方からもう一方の方向に向かっていくらしい。

特に害はないと思うとのことだったので、京子さんは胸を撫で下ろした。

だが、一週間もすると、その影が何か言葉らしきものを呟いていることに気が付いた。

最初は微かな声だったのが、次第に聞き取れるようになり、あるときを境にはっきり聞こえるようになった。

「ヒトゴロシ……ヒトゴロシ……」

影が通る度にそう聞こえる。特に生活に支障はなくても気持ちが悪い。

――霊道ってこんな声まで聞こえるのかしら。

そうは思っても、素人には判断が付かない。だからといって、親しくもない人に、何度も相談を持ちかけるのも気が引ける。

暫く経つと、影は次第にいろいろと喋るようになった。

「モノオキ……ベランダ……ヒトゴロシ……」

一体何のことだろう。更に影は人の名前を繰り返すようになった。

「タクマゲンクロウハヒトゴロシ……タクマゲンクロウハヒトゴロシ……」

その人物の名前に心当たりはない。

彼女がタクマゲンクロウとは誰だろうと思っていると、一週間ほどして部屋の郵便受けに、宅馬源九郎宛のダイレクトメールが届いた。

慌てて住所を確認すると、同じアパートの隣の部屋宛だ。配達員が間違えたのだろう。

隣人が宅馬源九郎。影の言う「タクマゲンクロウ」と同一人物だろうか。

隣の住人のことを人殺しだと考えるのは嫌だった。

どうしよう。

そこで京子さんは、悪いと思いながらも、隣のベランダを覗いてみた。

影の言う通りに、ベランダに物置が置いてあるかを確認するためだ。

すると、狭いベランダに似合わない、やけに大きな物置が置かれていた。

——あの中には、影が呟くような理由があるのかもしれない。

疑い始めるときりがない。もやもやとしたものが晴れない。

気持ちが悪いから引っ越したい。だが、引っ越し費用はもう残っていない——。

今は影が通る場所に大きな棚を置き、カーテンを掛けて気にしないようにしている。

だが、耳を澄ますと、まだタクマゲンクロウハヒトゴロシと呟く声が聞こえてくる。

バ・ラ・バ・ラ

結局、三浦君は医者に行ったそうだが、栄養剤を注射されただけで帰されたそうだ。


いつも通り目覚ましが七時に鳴った。

パジャマを脱ぎ、学生服のズボンとTシャツを着て階下へ降りる。

「おはよう」

食卓に座る母、父、姉。

家族全員の身体のパーツが大きくずれている。

父の頭は身体より右にあり、宙に浮いている。

母の両腕は腰辺りから生えている。

姉の両目は顎にあり、口はおでこにあった。

「な、何か目がおかしくなった！」

泣きそうになりながら、目を擦る。

「何？　どうしたの？　大丈夫？」

身体がおかしい母が言う。

「見えないのか？　そういうことか？」

身体がおかしい父も、心配そうに言う。

「どれ、ちょっと目を見せてごらん？」

姉はおでこからそう言う。


バチガアタッタンジャナイ？

その声は後ろから、はっきりと聞こえた。

仏壇屋

愛花さんは従姉からこんな話を聞いた。

当時、従姉の家は仏壇屋を営んでおり、その縁で近くのお寺のお葬式の手伝いもしていた。その関係で、稀に骨壷に入ったお骨を預かることがあった。

そんなときには、店や家の玄関の引き戸が開いた音がして、続けて「ごめんくださいー」「すいませーん」と声がした。だが、行ってみると誰もいない。

インターホンやスピーカーもオンにしている。それにも拘わらず、そこから声は聞こえてこない。声は必ず直接話し掛けてくる。

従姉の家に遊びにいったときに、一度だけ声がした。やはり店のチャイムは聞こえず、店内のスピーカーからも声はしなかったが、はっきりと声だけは聞こえた。

仏壇屋は数年で廃業して土地も売ったとのことで、今は別の家が建っている。その後特に変な話も聞かないから、あれはあの状況だから発生したことなのだろうと考えている。

本当にあった祝いのビデオ

九十年代の話だ。

田所さんは当時、阿佐ヶ谷に住んでいた。

アルバイトが休みの日は、自転車で近隣を巡り、定食屋、古着屋、レコード屋などをハシゴ。夜はバーに出向き、馬が合いそうな客と酒を飲んだ。

「忘れられないのが、とあるビデオレンタル屋」

当時は個人経営のビデオレンタル屋が多くあり、狭い店舗面積ながらも価格やラインナップに工夫をして、個性を出そうとする店も少なからずあった。

田所さんの住むアパートから自転車で二十分ほどの距離にあった、「ビデオレンタルしょうちゃん」もなかなかに個性的な店だったという。

「とにかく裏ビデオが山盛りあったんだよ。パッケージが真っ黒だったり、何かマジックで塗り潰したような修整の写真が貼ってあったり、一目で怪しいのがある訳。でも、中には雰囲気だけで騙しもあったりするから、店長に『これ裏?』って訊くとさ、『裏だよ〜』って教えてくれる訳ね」

近隣の男性達は殆どそこを利用していたんじゃないかな、と田所さんは述懐する。

「人気作はいっつも貸し出し中でしたもん。そんなにレンタル料も安くなかったから、かなり儲かってたんじゃないかな」

そんな裏ビデオライフを満喫していたある日、いつも通り〈しょうちゃん〉へ行くと、下ろされたシャッターに臨時休業の張り紙があった。翌日、翌々日と張り紙は出されたままで、土曜日にやっとシャッターが開くと、今度は入り口に閉店セールと書かれた大きなポップが掛かっていた。

入店すると、見慣れない男性がレジにいた。

「聞くと店長の息子だそうで、『父は亡くなりました』って」

三十代の息子は会社勤めの身で、跡を継ぐのは難しいとのこと。

店を畳む準備として、レンタル品を投げ売りするつもりなのだろう、陳列棚には随分と安い値札が貼られていた。

田所さんは善は急げと十八禁コーナーに入った。

まだ先客が少なそうな午前中だったため、目立ってビデオが減っている様子はない。田所さんはお気に入りの裏ビデオを、アレコレと掴み息を荒くした。

「そうしてたら、あっ！　と思ったんだよ。ずっと見たかった新作の裏らしきものがあって。

ああ、これはいいぞ！　って興奮したんだけど、実際に裏かどうかはこれまたちょっと怪しくてね。まあ、モザイクありでも安いからいいんだけど、どうせなら裏だけを買いたかったから」

勇んだ田所さんは、ついつい、

「これ裏かな？」

と、呟いた。

すると、耳元で、

「裏だよ～」

と声が聞こえた。

ザッザッ

北陸地方の山間部にあるガソリンスタンド脇に、整備工場が建っている。

そのガソリンスタンドの従業員は、朝早くに工場には行きたくないと漏らす。もちろん仕事なので、嫌々ながらも工場の鍵を開ける必要がある。その度に得体の知れない音が聞こえるというのだ。


朝、工場のドアの前に立つと、中からザッザッという音が響いてくる。

そんなに大きな音ではない。軽い音ではあるのだが、その音の出処が分からない。

動物が爪で壁か床でも引っ掻いているのかと、ドアを開けると、音が止む。

気配を察してじっとしているのだろうかと、中を確認しても、先ほど聞いたような音を発するようなものはないし、動物が侵入している気配もない。

そんな話を他の従業員に話すと、やはり毎朝その音を聞いているという。

何の音だろうと暫く話題になったが、結局音源が分からない日が続いていた。

ある日、店長がいる時間にその話が出た。

すると、店長は暫く黙った後で呟くように言った。

「それ、オーナーさんかもしれんなぁ——」

元々、ガソリンスタンドに整備工場はなかった。

工場の敷地は、以前はコンビニだったのだという。しかし、コンビニのオーナーが深夜のワンオペ中に強盗に刺されて亡くなってしまった。

コンビニは廃業となり、そのまま宙ぶらりんになった土地を、親族が売りに出した。そこを取得して、工場を建てた。

店長はそんな経緯を語ったが、もちろんそんな話は従業員達にとっては初耳である。

「俺も詳しくなかったんだけどさ、そのオーナーさんのことを、近所の人に訊いたら、正義感の塊のような人だったみたいなんだよ。強盗が入ったときに、犯人に立ち向かって刺されちまったんじゃないかって話なんだ」

生前のオーナーは、毎朝箒《ほうき》とちりとりを持ち、店舗の周囲をぐるりと掃除するのが日課だった。

今もその音は続いている。きっとコンビニのオーナーが毎朝掃除をしているのだ。

それ以降、従業員達は時々工場の隅にカップ酒を置くようにしている。

姉

ぎゃあ、ぎゃあ。

姉の部屋から喧《やかま》しい喚き声が聞こえ、美智子はテレビのボリュームを上げた。

両親はここ三日間、「お祓いだ、お祓いだ」と騒いでいる。

お祓いな訳がない。医者の出番だろうに。姉が仕事にストレスを感じていることはかねて知っていたじゃないか。何でお祓いなんだ。

こんな家族にも問題がある。

全員、頭が悪い。

美智子は少し罪悪感を感じながらも、家族とすっかり心が離れていることを自覚していた。姉はここ一週間、起きがけは元気だが朝食後に塞ぎ込み、結局は仕事に行かないという流れを続けていた。まあ、誰しもそんなときがあってもいい。死ぬ訳でもなし。と構えていたところ、この喚き声である。ヒステリー状態。両親が言うには「取り憑かれている」。

いやや、そんな訳がない。完全に心の病だ。やはり両親は頭が悪い。

ぎゃあ、ぎゃあ。

薄い壁で隔てられているだけの隣室で、こんなに叫ばれてはこちらも頭がおかしくなりそうだ。しかし、クレームを付けて静かになるなら世話はない。明日の宿題を早めに済ませて良かった。友達に、姉が狂ったなどと言えたものではない。私は何事もなく。何事もなく毎日を過ごさねば。

ぎゃあ、ぎゃあ。

ぎゃあ。

喚き声に男の声が混じる。

姉の部屋に男がいる。

あの状態の姉の横に同じように喚く男がいる。それは余りにも問題があるのではないかと、駆け足で姉の部屋のドアを開ける。

見ると、部屋の中には誰一人いない。

何事もなく。

私は何事もなく過ごさねばならない。

K神社での話

令和二年一月三日の出来事だという。

恵理子さんは家族と友人と連れ立って、地元の神社の神楽の舞初めを観にいった。

当初は郷に下りてきた神楽を見る予定だったが、予定を変更して山上の神社まで行くことになった。

そこまでは車で向かったが、道路の塗装も途切れ途切れで、途中は砂利道を揺られながら進むという不便な場所だった。

駐車場も舗装されておらず、粗い砂利が敷かれている。先客の車に倣うように車を駐《と》めて、参道を歩いて神社に向かった。

神社では、神楽を観るだけではなく、神事にも参列させていただけることになり、神楽を行う方々のすぐ後ろに並んだ。

その神事の後半、恵理子さんから見て左側、ちょうど参道の先のほうから、トラックが砂利道を走るような、ゴロゴロガラガラという騒音が近付いてきた。

反射的にそちらに視線を向ける。

彼女の前にいた、神楽を舞う男性二人も同時にそちらを見た。

――この音が聞こえているんだ。

神事の最中なのに。この音は何だろう。

参道は樹が繁り、先は見えない。ただ、その先をずっと行って折れたところには駐車場がある。

だが、音は駐車場よりも明らかに近くから響いている。

果たしてトラックのような大きな車が、正月三が日に神社の参道に入ってくるものだろうか。


神事の後で駐車場に戻ったが、それらしき車の姿はなかった。

家族や友人に、先ほどの騒音について訊ねたが、音は誰も聞いていなかった。

植え込み

放課後、友人と二人で帰ろうとして、灯りの消えた食堂の横に差し掛かったときのこと。

どこからか男女の話し声が聞こえてきた。女子校だから、教師以外の男性の声がするのは珍しい。こちらを指して何か言っているようなのだが、内容は分からない。

聞き取りにくい、という訳ではない。寧《むし》ろ音声ははっきりと明瞭だが、聞き慣れた音ではない。つまり日本語ではないのだ。恐らくは隣国か、大陸のほうか。

ただ、悪意があるのだけは分かる。

いつもなら黙っていられる性質ではないからどんな奴か見に行くぐらいはするが、これは質《たち》が悪い。こちらに声が聞こえていることに気付かれたらヤバい気がする。

肌がざわめくような感覚に正直逃げたいと思った。怖気立つ、とはよく言ったものだ。

だって、声が聞こえてくるのは食堂に隣接している膝丈ほどの植え込みの中からだ。建物との隙間は殆どない。大の大人が二人も潜んでいられる空間がないのだ。

さりげなさを装ってその場を離れる。何も聞こえていないらしい友人の、能天気な笑い声に少しだけホッとした。

啄木鳥《きつつき》

トトトトト。

家の壁を小刻みに突く音が鳴る。

「参ったな」

父が言う。

「あらぁ、香典の用立てしなきゃ」

母が言う。

決まって一時間以内に、電話が鳴る。

そして亡くなったという親戚の誰それについて、両親は話し合う。

中学の同級生にこのエピソードを馬鹿にされるまで、正嗣君はそれがどこの家庭でもある当たり前のことだと思っていたそうだ。

女は勝手口、男は玄関

「女は勝手口、男は玄関って、東北のローカルルールなんですか？」

宮古市在住の川井さんは、そう言うと、死者からの挨拶に関する体験を教えてくれた。

彼女が中学生のときの話である。

普段なら同級生の刈屋さんのうちに遊びに行くと、居間でおやつを食べたり、彼女の自室で漫画を読んで過ごすのが常だった。ただその日は暑かったこともあり、涼しいからと、風のよく通る台所でアイスを食べていた。

そのときは、刈屋さんのお祖母さんが二人に向かって、人が亡くなると男の人は玄関から、女の人は台所からお知らせが来るという話をしていた。

何でそんな話になったのか、きっかけは覚えていない。

刈屋さんのお祖母さんは毎年恐山に行くような、信心深い人だという。

川井さんの祖母はそういう話はしないので、その話も少し不思議な面持ちで聞いていた。

話の後で、お喋りをしていると、突然台所に大きな音が響いた。

勢いよく落ちる水が、ステンレスのシンクを叩きつける音だった。

慌てたようにやってきた刈屋さんのお祖母さんが、カランを捻って水を止めた。カランは昔ながらの回すタイプで、何かが触れて水が出るような作りではない。

三人で、どうしてこんなことが起きたのだろうと戸惑っていると、電話が鳴った。

親戚の女性が亡くなったという連絡だった。

慌ただしくなりそうだったし、怖かったこともあって、その日はすぐに帰った。

帰宅してから思い返すと、川井さんにも、故人からのお知らせに心当たりがあった。

母方の祖父が亡くなったときのことだ。

玄関のチャイムが鳴ったので引き戸を開けると、亡くなったはずの祖父が立っていた。

祖父は何も言わず、頭を下げて消えた。

驚いていると、すぐに祖父の訃報を伝える電話が掛かってきた。

後で親に訊くと、祖父は他にも何軒かの家の玄関を訪れたらしい。

律儀な人だったからと言われた。

ただ、そのときはそういうものか、と思いながら聞いていた。

——やっぱり男性は玄関なのかしら。

当時そんなことを考えたのだという。

送り鈴

もう五、六年は経つかもしれませんが。その年だけのことだったんですよ。それも不思議な話ですよね。

その年は人が亡くなると、チリンチリンっていう、綺麗なというか、はっきりとした鈴の音が聞こえたんですよ。大概、夕方から宵の口と明け方のどちらかでね。チリンチリンと鳴る回数はまちまち。長く鳴っているときもあれば、短いときもありました。

ある日の夕方に井戸端会議をしていてね、昨晩もそんな鈴の音を聞いたっていうのを、向かいの地主のおばちゃんにしたんですよ。そうしたらおばちゃん青くなっちゃって。

御町内の○○さんが昨夜亡くなったんですよって、声を潜めるんです。

私もその場で手帳を取り出して、以前に音が聞こえた日を言ったんです。悪趣味ですか？

そうしたら、おばちゃん、唇を震わせて、「その日も私、喪服をクリーニングに出したから覚えてるわ。角の××のおばあちゃんが亡くなった日だわよ」って言って、ああ気持ち悪い気持ち悪いって。すぐ帰っちゃいました。

おばちゃんには悪いことしたなぁって後になって思いました。

その年は変な話、当たり年みたいになっちゃってて。

亡くなった方が、御近所でも七、八人はいらっしゃいました。

その度にチリンチリンって。

近くに川が流れているんですが、その下流のほうから、鈴の音が上がってくる感じでね。

やっぱり思い返しても、あのチリンチリンっていうのは、余り気持ちいい音じゃありませんでしたよ。

送り盆

東北地方にある淳子さんの育った地域では、お盆にお寺に行って火を頂いて帰る家が多い。その火で迎え火を焚いて、祖先を迎えるためだ。

普段は静かな町も、お盆は朝から活気づく。みんな朝からお寺に行ったり、お墓に行ったりするからだ。それに合わせて市場やお店も早く開く。

墓は、墓地以外に親族が所有する山にある場合もある。しかも、通りから見えるような場所ばかりにある訳ではない。

この時季に山に車が入っていく姿や、いろいろな道具を提げた人たちが山中を歩いているのを見て初めて、あの辺りにお墓があるのだな、と思うことも多いという。

ある年の送り盆のことだった。

淳子さんの知り合いが夕方に車で走っていたとき、国道沿いの線路脇に立ち上がる急な斜面を登っていく人々の姿を目撃した。

何人もが、その斜面を次々に上がっていく。

そうか、今はお盆だから、お墓に向かう人たちがいるんだ。

あんな急斜面の上にまでお墓があるのか。

御先祖のことを大事にしていて、とても立派なことだな。

そう思いながら通り過ぎた。


後日、その話を他の人にすると、怪訝な顔をされた。

「あそこはよく通ってるよ、お盆じゃなくても登っていく。〈そういう〉道だよ」

「え、送り盆をするために登っていたんじゃないの」

「送り盆なら帰っていくから、ここら辺の御先祖は、みんなそこを通るんじゃないかな」

それでは私の見たものは、この世のものではなかったのか。

だが、思い出してみても、全く怖く感じることはなかった。


この話を聞いた後に、淳子さんはその場所を通り掛かった。

斜面も急で、鉄道のメンテナンス用の足場が辛うじて掛かっているだけ。とても普通の人が登っていける場所ではなかった。

だって俺、オヤジになるじゃんよ

佐倉さんが警備員をしていた頃の話。

七月の終わり、夏の只中へ向かう頃のことだ。

茨城本社の仕事にヘルプで入るため、千葉から国道十六号線を車で北上していた。

背後から爆音が聞こえてくる。

――ヴオンオンオンオン、ヴオンオンオンオンオン、

――ラリラーパラリーラー、ヴオオオンヴオオオン、ラリラーパラリーラー、
エンジンの排気音《エグゾースト》とホーンをけたたましく鳴らして、節回しのような楽曲の演奏めいた音を鳴らす。

所謂《いわゆる》、暴走族である。

かつては、郊外に限らず都市部のそこかしこで集団暴走を繰り広げる様子が見られたものだが、最近はすっかり数を減らしている。

体育会系の伝統的な先輩後輩関係やら、改造に改造を重ねたバイクなども、今どきは余り流行らないのだろう。

それでも夏休みだからなのか、満艦飾に飾り立てた何台ものバイクは、集団と呼んで差し支えない規模の頭数を揃えて、国道を我が物顔で走る。

どのバイクもリアシートに半キャップの女の子を乗せている辺り、夏と彼らなりの社交と見栄が見え隠れして、場違いながらも少し微笑ましい気持ちになった。それは若いうちしかできないことで、あと数年もしないうちに彼ら彼女らは大人になって、こんなヤンチャからは卒業していくのだろう。

前方の信号が赤に変わる。

車間を縫う暴走集団は、雄叫びを上げ轟音を響かせながら赤信号に飛び込んでいき、リスクをものともしない度胸を誇る。

そんな蛮勇が続く中、殿《しんがり》を走っていたバイクはゆるゆるとスピードを落とすと停止線で停まった。同じチームであろう仲間達は赤信号をぶっちぎって先へ行ってしまったのに、何故――？

よく見ると、停まったバイクのリアシートに座る女の子は、赤ん坊を背負っていた。

なるほど、なるほど。そりゃあ、そうか。

赤子がいるなら、無理はできない。仲間に誘われて暴走には出たが、父親になった彼なりに彼女と子供を慮《おもんぱか》って安全運転ということか。

なるほど、彼なりの心遣いということか。
そう感心していた。
が、妙だった。
そもそも、そんな大事な赤ん坊を背中に背負って暴走なんかするだろうか。
何故あの赤ん坊は、頭と腕しかないんだ。
背負い紐もない。いや、胴がない。足もない。
でも、だって、彼氏のほうは彼女の身体を気遣って……。
——ああ。そうか。彼女は子供を堕ろしたのか。
彼はそのことを、まだ知らないのか。

信号が青に変わった。
——ヴオンオンオンオンオン、ヴオンオンオンオンオンオン、
排気音を野太く鳴らしバイクは仲間達に追いつくべく、スピードを上げた。
彼女の身体にしがみついた赤ん坊を乗せたまま、バイクは爆音とともに彼方へと走り去っていった。

プルバックカー

　それについてはっきりした記憶がないので、恐らく三歳か四歳の頃だろう。

　譲治さんの実家には小さい神棚があった。ただ、神棚といっても天井に近い辺りに造り付けられている訳ではない。低い箪笥《たんす》の上に置かれているだけだ。

「あんたさ、よくその棚の前に車の玩具を置いていたんだよ」

　久しぶりに実家に戻ると、母親がそんなことを言った。もちろん譲治さんには記憶がない。

　確かに一世風靡《ふうび》したプルバック式の車の玩具は、彼の玩具箱に何台もあった。今も物置を漁れば出てくるだろう。

「いっつも、散々ねだって買った、一番好きな奴を置いてたわよ」

　母親は、懐かしそうな顔をして、窓越しの庭木を見ている。

「俺、何でそんなことしてたんだろうね――って、その棚って何なん?」

　母親は、そのまま窓のほうを向いたまま暫く黙っていた。

「言ってなかったっけ。あんたに弟がいたんだよ。生まれてこられなかったんだけどね」

初耳だった。

「あんた、優しい子でね。いっつも言ってたんだよ。ボクにもよく分からんけど、これはここに置いておくって。弟のために置いておかなきゃダメなのって」

だからね、あぁ兄ちゃんなんだなって。弟思いの優しい子なんだなって。

だからあたし、あんたのことはずっと安心してるんだ。

これからも頑張ってね。きっとあの子も見てるからね。

生霊

あやかさんが先日、法事の相談に従姉の家を訪れたときの話だという。その従姉の家には高校生になる息子さんがいる。

直接の面識はない。いや、正確には一度はあるのだが、まだおむつも外れていないような小さな頃に会ったきりなので、こちらのことを覚えているとは思えない。普段からの交流もないから、こちらの容姿も知らないはずだ。

「でさぁ、うちの子、何か時々ベランダに女の人が立って、星空を見てるって、そんな変なこと言うのよ」

お化けの話だ。

確かにうちの家系にはお化けに敏感な人が少なからずいる。

従姉の母、つまり伯母も強力な能力を持っている人だった。血筋という奴だろう。

「ただいまー」

そんな話をしていると、ドアを開ける音と太い声が玄関から聞こえた。噂の息子君のお帰りだ。

制服を着た上背のある小ざっぱりとした男子が、廊下から遠慮がちに顔を見せた。来客中ということを察したのだろう。

だが、彼はあやかさんの顔を見るなり、あー！　と大声を上げた。

「何よ。どうしたのよ」

「お母さん、この人だよこの人、ベランダに立っている人！」

あやかさんは、その言葉に笑顔で返した。

「一体君が何を言っているのかよく分からないよ。説明して」

説明を求めると、彼はしどろもどろになりながら話してくれた。

どうやら、夜になると、時折あやかさんにそっくりな女性が、ベランダで煙草を吸うらしい。銘柄はセブンスター。その人物は、煙草を一本吸いきると消える。

消えてしまうのだから、現実の人間ではない。要はお化けだ。

ただ、その女性の容貌が気になって、まじまじと見続けているうちに、顔を覚えてしまった。見間違いではない。そっくりだと彼は言った。

ははぁ。そうか。生霊か。

確かに、どこかのベランダで煙草を吸う夢は何度か見たことがある。

ちょっとからかってみよう。

「ね、君。――惚れたね？」

そう言うと、彼は真っ赤になって黙ってしまった。

従姉には、若者をからかってやるなと、釘を刺された。

「その子、元々、あたしの顔を知らなかったしね。また出たら教えてってお願いしといたわ。こっちに記憶はないけど、彼には悪いことしちゃったのかもね」

あやかさんはそう言うと、ケラケラと笑って、タバコを灰皿で揉み消した。

彼女が吸っていたのはセブンスターだった。

H駅

「昔から続いてることがあるの。聞いてくれる？」

雛子は、親友の君子からそう打ち明けられた。

「私ね。夜のH駅が怖いの」

一体何を言い出すのだろう。最寄り駅が怖いとは、何かトラウマになっているような経験でもあるのだろうか。例えば痴漢の被害に遭ったとか。

雛子が迷いながらもそう訊ねると、君子は違うと即答した。

「信じてもらえないかもしれないけど、夜にH駅に行くと、小さかった頃の自分に必ず追いかけられるの」

きっぱりと断言した。

「だから、塾帰りでも、わざわざ最寄り駅なのに通過して、隣の駅から帰るように親に頼んでいたの」

だが彼女にも、彼女の両親にも、何故そんなことになっているのかは、全然分からないという。

娘の顔

夏休みの早朝のことだった。隣町の祖父母宅に泊まっていた小学生の佳乃子さんの元に、母親から電話が掛かってきた。

早朝に何事だろうかと不安に思いながら電話に出た。

「あなた、今朝方帰ってきた？」

不躾にそう問われた。そんな訳あるはずないじゃないと返すと、そうよね、と彼女は一人で納得して電話を切った。

義祖父母と母は余り折り合いが良くない。それでも電話をしてきたのが引っかかった。

翌日、祖父に送られて帰宅すると、佳乃子さんは母親に何があったのかを訊ねた。

「疲れてたから、少し早めに布団に入ったのよ」

母親は、まだ半信半疑といった様子で続けた。

「夜中に目が覚めたの。パッという感じで目が開いて。でも身体が動かなかったのよ」

金縛りっていうのは、ああいう感じなのかしら。

口調がどこか他人事だ。

「その最中にね。足のほうにずっしりと何かが伸し掛かったの。それが布団の中を、頭のほうへと這いずってくるのよ。それで小さい声で何か言ってるの」

繰り返し繰り返し同じ言葉を口にしている。

「耳を澄ましていたら、やっと聞き取れたの。お母さんお母さんって言ってたのよ。それがここまで上がってきてね。顔を見たら、あなたそっくりな女の子だったわ」

布団の胸元から顔を見せたのは自分の娘だ。しかし、義祖父母宅から自宅までは、子供の足で一時間以上掛かる。無理すれば帰れない距離ではないが、まだ小学生で、ましてや夜中。帰るのは不可能だ。夫の実家からは連絡もない。

佳乃子さんには、そんなことを淡々と言う母親が怖かった。


三カ月後、佳乃子さんに妹ができた。

年月が流れ、その妹が小学生になった頃に、母親が呟いた。

「あのときに私のところに出てきたのと、育ったこの子が似てないのよね――。一体誰だったのかしら」

――私には、あのとき〈あなたそっくりだ〉って言っていたのに。

すぐ横に娘がいるにも拘わらず、無表情でそう呟く母親のことが嫌だったという。

食卓に出た

おう。久しぶり。お前、まだ怖い話とかやってんの？　好きだねぇ。本とか出してるの？

へえ。どこで買えるの？　え？　ああ、最近聞いた話を教えてあげようか。

俺の友達がさ。小さい頃にお化け見たって。

いや、あんまり詳しく分からないんだけど、夕飯食ってたら、ガチャってダイニングのドアが開いて、思いっきり入ってきたんだってよ。

思いっきりよ。

思いっきり見えたって。

めちゃくちゃ怖い顔をした女の人だったんだって。

で、そいつのオヤジが、うわあっって叫んで。

母ちゃんも、きゃああ、ってなったらしいのよ。

そりゃビビるっしょ。お化けじゃなくても怖いって。

そんでさ、そっからが凄いんだよ。

ビビってた母ちゃんが、パッと食卓塩を掴んでその女の頭にサラサラサラ〜って掛けたんだって。
そしたら、その女、しゅーんって小さくなってそのまま消えたんだって。
んなことある？
え？
食卓塩でも効くもんなの？　割とあるあるネタ？
まあ、聞いてよ。
そんで、その女が消えた後さ、オヤジと母ちゃんがすっごい夫婦喧嘩したんだって。
何か怪しいよね。
生霊？
生霊とかってそんなの？
……うん。オチとかはないけど、そんな話聞いたよ。
こんなんでいい？

「超」恥ずい話

正俊は美佐江と小学校卒業以来の再会を果たした。

美佐江は正俊の初恋の人だった。

美佐江のことを考えて過ごした幼い頃の日々を、正俊は昨日のことのように覚えている。

転職に失敗し一時帰省をしていた頃で、本屋で立ち読みをしていると、

「正俊君?」

と美佐江から声を掛けられたのだった。

正俊はずっと、美佐江にまた会いたいと思っていた。

恋心があった訳ではないが、謝りたいことがあったのだ。

「今、暇? ちょっとお茶でもどう?」

二人は本屋から程近い喫茶店に入った。

あの頃と変わらない気さくな美佐江との会話は弾み、正俊は頃合いを見て切り出した。

「あのさ。美佐江、昔金縛りに遭って怖かったって、みんなに話してなかった?」

美佐江が「自室で寝ていると身体が動かなくなり、黒い影を見た」と言い出したとき、

放課後の教室はとても盛り上がった。

ええ？　幽霊じゃない？

美佐江って霊感あるの？

図書室の呪いかもよ。

クラスメイトは思い思いの感想を言い、怖気を表した。

しかし、正俊だけはそんな教室の雰囲気を他所に、気まずさを味わっていた。

「ああ、そういうことあったわねえ。懐かしい。私、霊感なんてないし、今思うと気のせいよね」

「……あ、いや……実はあの日さ」

その日の晩、ベッドに横になって暫くすると、突如恋心が爆発した。そして「美佐江好き。美佐江好き」と声を出しながら身を捩り、ゴロゴロと布団の上を転がったところ、ベッドからどしんと落ちてしまった。

そして次の瞬間、寝ている美佐江を見下ろしていた。

ああ、可愛いなあ。やっぱり好きだなあ。

そんなことを思いながら、美佐江の寝顔を見つめる。

が、当の美佐江は随分苦しそうな表情だ。

あれえ。

これ夢かな。

いつ寝たっけ。

いや、でも寝てるんだろな。

可愛いなあ……。

そこからの記憶は曖昧で、目覚めると床にいた。

「あれ、何ていうか……俺が……その……？　いや、その……俺もそういうの信じてないんだけど……」

「ああ……あらら。うん。でも、うん。実は恥ずかしくてあのとき言わなかったけど、凄く正俊君に似てたから、もしかしたらとは……あ、今思い出したことだから、分かんないよ。ずっと昔のことだから……」

「だ、だよね。うん。まあ、その……そういうことでして……」

二人は顔を赤らめながら、下を向いた。

開かずの

二十代の頃、私が交通誘導員のアルバイトをしていた折に聞いた話だ。

その業者は私が警備に就いていた時期、主に光回線を設置する仕事をしていた。今思うと、あの頃の電気工事業界は光回線バブルだったのだろう。高所作業車や何メートルもの光ケーブルをドラムに巻きつけたトラックに付いて、よく警備をしたものである。

ある日、若い者数人で、駅のマンホールを開けて光回線を繋ぐ夜間工事に赴いた。

電柱を立てることができない駅の敷地地下には電線が貼り巡らされており、電気関係用のマンホールがたくさんある。業者は元請けからの指示通り、順番にマンホールを開け、光回線を繋いでいった。

「ありゃあ、ここのマンホール、開きにくいなあ」

「ほんとだ、これ蓋が歪んでるんじゃない？」

幾ら力を込めてもマンホールオープナーで開かないとならば、ユニック車のクレーンで持ち上げるという手もある。

ユニックを現場近くに付けようかと相談する中、ある作業員が言った。

「でも、この前それやってマンホール自体が壊れたことありましたよね」

確かにクレーンでマンホールを上げようとし、周囲の路面そのものが持ち上がってしまったことも過去にあった。駅構内の路面は敷設したばかりのブロック舗装がしてあり、これが崩れてしまっては厄介だ。人件費はもったいないがこの状況を元請けに連絡して、後日の作業に回してもらったほうがいいかもしれない。元請けの監督も夜勤で別現場にいることを知っていた職長は、すぐ携帯電話で写メを撮って監督にメールを送った。

暫くして返信が来た。

『ふざけてるんですか？　その人、大丈夫なんですか？』

その監督からのメッセージは冗談にしても、随分不条理なものだった。

「何だ、あいつ。意味分からねえよ」

「あらあ。写真、間違って送ったとか？」

「ええ？　でも、そんな操作した覚えないけど……」

職長は送った写メを改めて携帯に映し出す。

「あれ？」

「え？」

「この人、なんすか？」

映し出された画像を見て、作業員達はそれ以上の言葉を失うばかりだった。

マンホールの上で胡座《あぐら》をかいて座るサラリーマンの姿が、そこにあった。

「ええ……」

画像と間近にあるマンホールを交互に見る。

実際にはいない。

画像の中にはいる。

開かないマンホール。

『すみません。今日はもう帰ります』

職長は監督にそう書いたメールを送り、すぐ携帯の電源を切った。

光球

史子さんが大学生の頃の話。

埼玉県にあるとある文化センターに、仲間と一緒にライブを観に行った。

ライブがはねた後、会場の外で仲間達と写真を撮ったりふざけて遊んだりしていたところ、仲間の中で最も背が小さく体重も軽い千佳子を、史子さんが抱え上げるという流れになった。

ライブの熱に浮かされたのか、単に悪ノリだったのか、今となってはもう分からない。

大学生ノリという奴かもしれない。

会場をバックに史子さんが笑顔で千佳子を抱っこしている姿を、他の仲間がスマホのカメラで撮影していく。ポーズを変えながら何枚か撮った。

「見せて見せて！」

千佳子が写真を見せてもらおうと仲間に駆け寄っていく。

撮った画像には、彼女の手の上に青白く光る丸い球体が乗っていた。

「何これ。加工？」

皆、口々に加工ではないと否定する。戸惑っているようだ。

球体が写っている人と、写っていない人がいる。撮った本人も撮影時にはそんなものはなかったはずだという。

千佳子も荷物は友人に預けていたので、何も持っていない。

空気がだんだんと白けていく。

「でもこれ綺麗だし、光ってるし、きっと悪いもんじゃないよ！　さぁ、そろそろみんなで飯食いに行こう！」

史子さんの一言で、その場は収まった。

仲間にねだって送ってもらった写真は今も手元にあるが、何故それが写ったのかは分からない。

ただ、綺麗なので、時々見返す。

フェイク動画

スマートフォンを初めて購入した。

中学生の妹のポートレイトを何枚か撮影し、加工を施す。

楽しい楽しいと姉妹で喜び、試しに動画も撮影し、簡易編集でオシャレなＭＶ風の動画を作った。

興が乗ってくると妹が「心霊もの作ってみようよ」と提案した。

それはきっと面白かろうと、妹を背中で隠して手を肩に置くように指示する。

スマホを具合の良さそうな所に設置して、タイマーで動画撮影を開始。

スーッと背後から手が伸び、首を撫でた。

まるでそれに気が付いていないように、わざとらしくカメラにＶサインをする。

よくある感じの他愛のないフェイク。

そんな動画になるはずだった。

確認すると、妹の手が全く映っていなかった。

白イ顔

茉莉さんは幼い頃から、時々白い顔を見る。

それは白い楕円に、目と口の位置に三つの黒い丸が開いているという、単純化された記号的なものだ。もちろん彼女はシミュラクラ現象という言葉も知っている。逆三角形に丸いものが配置されていれば、人の顔に見えてしまうという現象だ。

ただ、彼女にはそれが顔にしか思えない。

最初にそれを見たのは、まだ小学校一年生くらいの頃だった。家族で旅行に行った帰りだったという。

彼女は旅行に行くに当たって、親からカメラとしてお下がりのガラケーを貰い、先々で様々な写真を撮っていた。

そのときは、自分達の乗る特急列車に並走する回送列車を撮った。

写真を確認すると、回送列車の窓に白い顔のようなものがずらっと写っていた。

これは何だろう。

親にその写真画像を見せた。

「変なの写った」

「うわ、気持ち悪い」

画像を見せられた親は動揺したようで、すぐに写真は消されてしまった。

これが最初だった。

続いて、彼女が中学校に入って暫くした頃。

彼女は洗面所で前髪を整えていた。

上手に整えることができたので、友達に写真を送ろうと、スマートフォンで自分の顔を隠すようにして鏡に映る自分を撮影した。

シャッターを切った瞬間、自分の握ったスマートフォンを隠すかのように、三つの黒い穴ぼこが開いた白い顔が写り込んだ。

余りにも気持ちが悪かったので、その写真は友達に送れなかった。

最近では高校三年生のときだ。

ベッドで寝ていると、急に金縛りになった。だが、暫く呻いていると、突然金縛りが解けた。

ああ良かった。

額に噴き出た汗を手のひらで拭う。着替えるため、起き上がってベッドから降りようとした。

スリッパを履こうとして気が付いた。床に見覚えのある無数の白い顔が、びっしりと敷き詰められていた。

もうその夜はベッドから降りることができなかった。

翌朝、使っていないカーペットを引っ張り出し、部屋の床に敷き詰めた。

それが対処として正しいかどうか分からない。

次、顔がいつ出てくるか分からない。

お祓いには行ってみたものの、その効果があったかも分からない。

ただ、もう二度と見たくないのだという。

インターホン越しに

北陸での話。
美佐子さんは、数年前に息子さんと喧嘩別れしたという。
「もう知らねぇ。こんな家出ていってやる！」
そう言い残して家を出ていった息子さんから、ある日突然連絡が入った。
「お母さん、興信所かなんか使ったのかよ！」
詰《なじ》るような言葉に驚いたが、一体息子が何を言っているのか、まるで分からない。
宥《なだ》めながら事情を訊くと、彼が家にいるときにインターホンが鳴ったという。
宗教や新聞の勧誘などが時々来ていたこともあり、彼は居留守を決め込もうと考えた。
念の為にインターホンの液晶モニタを確認すると、まぎれもなく母親の姿である。
驚いたが、どう反応していいかも分からない。
液晶画面に映る無表情な母親の顔を眺めているうちに、画面が消えた。
故郷から離れた土地で一人暮らし。平凡な名前だし、実家にも親戚にも、さらには地元の友人達にも、ずっと連絡は取っていない。

それなのに、どうやってここを探り当てた——？

興信所を使っても、辿り着くことは困難だろうと高を括《くく》っていた。

それよりも、実家で自分を訪ねてこなくてはならないほどのことが起きたのだろうか。

気になった。


また次の日、同じことが起きた。やはり液晶画面には、無表情な母親がドアの外に立つ姿が映っている。

そこで彼は美佐子さんの携帯電話に電話を掛けた。もし本人なら、その場で出るはずだ。

しかし、インターホン越しの母親は無表情のままだ。

不意に画面が消えた。

急いでドアを開けても、もう誰もいない。

コールしていた携帯電話からは、母親の声が聞こえてきた。

「——そんなこと全然知らないわよ。今も家にいるもの。でもあなたがちゃんと生きててくれて良かった！」

そう言って涙声で返答する美佐子さんに、息子氏は送ったメールも確認しろと告げた。

携帯電話のメールに添付された画像には、無表情な自分自身が写っていた。

網戸のようなマス目が目立つが、明らかに自分だ。

息子氏の説明によると、インターホンの液晶画面を写真に撮ったものだという。

「実は、まだ息子の住んでいる場所も教えてもらってないんです。息子が言ってくれませんでしたから。でも無事に生きていたから、ホッとしています。でも、これって何なんでしょう。子供のことを心配していると、こんなことも起きるのでしょうか——？」

夏祭り

当時中学生だった志村さんは、エレベーターなしの五階建ての建物が並ぶ団地の一角に住んでいた。

七月上旬のある日、朝食を食べていると、外から大きな音が響いてきた。何かが激しく衝突したのは分かるが、今まで聞いたことのない音だった。

学校に行こうと階段を下りていくと、人が慌ただしく行ったり来たりしている。

「どうしたんですか」

「飛び降りだって。嫌よねぇ。あなた、あっちには行かないほうがいいわよ」

同じ棟の最上階に住むおばさんがそう言って指さすので、学校までは迂回していくことにした。おばさんはゴミを捨てにいく最中だったのか、袋を二つ握っていた。

部活を終えて帰宅する途中で、井戸端会議の声が耳に入った。

「女の人だったって」

「結構な額の借金があったらしいよ」

「こんなところにまで来て飛び降りなくてもいいのにねぇ」

やはり、今朝の大きな音の正体はそれだったらしい。

蒸し暑い大気に、亡くなった人の血の臭いが溶け込んでいるようで、嫌だな、と思ったのを覚えている。


それからひと月ほどした頃に、近くの神社で夏祭りがあった。

友達三人と待ち合わせて、夕方から出かけた。

金魚すくいに風船釣り。焼きそば、綿菓子、りんご飴。

だが、屋台で楽しむ歳でもないよねと、四人はいつの間にか怖い話を始めた。納涼という意味では正しかったのかもしれない。

最初はテレビで聞いたような話をしていたが、そのうち志村さんが先日の飛び降りの話を持ち出した。

「そこ、行こう」

誰がそう言い出したかは、よく覚えていない。

あれから何度確認しても、四人とも自分ではないと言うのだ。

四人で団地の一角に向かう。女の人が落ちた場所で見上げた。

「あそこから飛んだんだね」

ふざけ半分で、現場の写真をスマホで写した。

「何も映ってないじゃん」

スマホのライトに照らされた、薄暗いコンクリートの床。

特に何か奇妙なものが写っている訳ではない。

ホッとした。

何も写っていないなら、それでいいのだ。


友人達と別れて帰宅した。

ベッドに転がって、先ほどの写真を消そうとアプリを開いた。

先ほど四人で確認した写真のコンクリートの床には、血みどろの女性の顔が大写しになっていた。

ケネディ

「ケネディは暗殺される」

その声を聞いたのは、十一月の半ばのことだった。一日に何度もその声が聞こえた。囁《ささや》くような女性の声。日本語だった。そしてその声が聞こえるのは自分だけらしい——。

勉さんは当時まだ幼稚園児だった。ケネディの名前は辛うじて聞き覚えがあったが、それが誰かは分からなかった。

さらに、暗殺という言葉も知らなかった。

頭の中に響く声は、繰り返し繰り返しケネディの暗殺を予告したが、誰も勉さんの言葉を信じなかった。

だが、運命の一九六三年十一月二十二日、現地時間十二時三十分。第三十五代アメリカ合衆国大統領ジョン・F・ケネディは、ダラス市内をパレード中に銃撃を受けて死亡した。

勉さんがケネディ大統領暗殺を歴史上の出来事として意識したのは、それから五年以上経った、小学校高学年になってからのことだった。

イヤな予感

洋子さんは勘がいい。

「もやっとしたら、ああ、これは悪いことが起きるぞってサインでね」

ある日は社員食堂で、注文したチャーハンをテーブルに置いた瞬間、もやっとした。

食べちゃいけない気がする。食べたら、何か悪い方向に向かうぞ。

そう思い、手を付けずに流し場へトレイを持っていった。

翌日から社員食堂は一カ月の閉鎖になった。

食中毒が出たのだ。

「小さい頃はそういうのなかったのよ。きっかけ？　いやあ、思い浮かばない。いつからって言われると、ううん。ここ最近？」

また、ある日には道すがら捕まえたタクシーに乗った瞬間、もやっとした。

もしかして乗ったら事故る？

そう思い、「ああ。ごめんなさい。やっぱり歩きます」と運転手に告げ降車した。

走り去るタクシーを目で追うと、五十メートルほど前進した後、ボンネットに猫が落ちてきて、物凄い破裂音が響いた。

急ブレーキで停車したタクシーの横には、高層マンションが建っていた。

「何に対して、もやっとしてるのかなって思うのよ。猫が落ちてくるのなんて、結局は遠巻きに見てるから回避できてないしさ」

すれ違い様にもやっとした会社の警備員はパチンコ屋で首を吊った。

もやっとする角を曲がったら、民家で葬儀が行われていた。

顔を見る度にもやっとしていた五十代の上司は癌を患って会社を去った。

「この勘、イヤなのよね。今思うと食中毒だって、別になっても良かった。みんなと一緒に、ごく普通に暮らしたいのよ――」

洋子さんは私に対しても、どこかもやっとしたものを感じるそうだ。

「――良いことも悪いことも予期せず起きて……それが普通の人生なはずだよね……」

洋子さんは切なそうな声音で、そう言った。

跡

兄は新宿の歩道で。

姉はとある踏切で。

母は隅田川で。

弟は公園のトイレで見たという。

「黒かったよね」

「いや、白かったよ」

「服なんかもう真っ赤で」

「これが死んだ跡が見える一家の会話か……」

父だけは何も見たことがない。

ベランダの窓

上野さんが幼稚園児だったときの話だという。ただ、彼本人には記憶がなく、母親から聞かされた話に基づいている。

当時一家はアパートの二階の角部屋に住んでいた。

彼は、母親が目を離すと、いつの間にやらベランダに通じる掃き出し窓の近くに移動して、見えない誰かと遊んでいるかのように、声を上げてはしゃいでいたという。

それが毎日のように繰り返される。果たして自分の息子は誰と遊んでいるのだろうか。

そう訝しんだ母親は、息子に直接確認することにした。

恐る恐る「誰と遊んでるの？」と声を掛ける。

「おばちゃん！」

上野さんは即答すると、窓の開いたベランダに向かって手を振った。

母親にはそれがとても怖かったという。

話自体は十五年前に遡るもので、体験していたはずの本人にも記憶がないため、ちょっとした不思議な話で終わっていた。

当時、上野さんの住むアパートの下の階に、たまたま同じ幼稚園の友達が住んでいた。

彼とは小学校までは一緒だったが、中学校からは別々の学区に引っ越してしまったことで、音信不通になっていた。

それが最近になって、偶然予備校で再会した。

二人で久しぶりに飯でも食おうよという話になった。

食事しながら二人で思い出話をしていると、当時暮らしていたアパートの話題になった。

二家族とも、既にそこから退出している。

懐かしいねと言い合っているうちに、上野さんは、母から聞いた話を始めた。

別に怖がらせようという意図はない。不思議だよねで終わらせるつもりだった。

しかし、友達の顔がみるみる青ざめていく。

どうしたのかと訊ねてみると、友達もあのアパートで、同じようにベランダに通じる窓の横で、見えない何かと遊んでいていたらしい。

ただ違うところは、友達が一緒に遊んでいたのは、中年の男性だったという。

果たして見えない女性と男性の二人がいたのか、どちらかが見間違えていたのか。

今となっては分からない。無論、確かめるつもりもない。

人魂

新宿から伸びる私鉄と、横浜から伸びる私鉄とが交差する街での話。

「ここらへんは、ベッドタウンだから、事故物件とかも結構あるんだよ」

便が良くて人口も多く、物件の数が多いということは、そういう話も紛れ込みやすいのだと、神尾さんは言った。

彼の実家の隣には、築半世紀ほどは経っているのではないかという古いアパートが建っている。

二階建てで上下三部屋ずつ。中は小さいキッチンとトイレと六畳間が一つ。風呂はなし。幸い徒歩圏内に銭湯があるが、そこもいつまで営業するのかは分からない。

もし、銭湯がなくなったら、このような風呂なしの古い物件は、全て建て替えになるのだろう。

数年前の春先のこと。そのアパートで異臭騒ぎが起きた。

臭いの元は孤独死した老人の遺体で、もし夏場なら、虫が大発生して大変なことになっていたはずだ。

「それで、うちの母が見ちゃったんですよ」

台所で料理をしていると、向かいのアパートの窓に、何度も何度も青い人魂が出入りしていた。ガラスを通り抜けるのが不思議だったが、人魂とはそういうものなのだと自分を納得させた。

だから、彼女はその部屋の住人が亡くなったと聞いても、ああやっぱりとしか思えなかったらしい。

尚、遺体が発見されて、一通りリフォームが終わった後でも、人魂はちらほら現れては、部屋に出入りしていたという。

ある種の瞬殺怪談

香織さんはボタンの付いた上衣をなるべく着るようにしている。

「小さい頃に何度か変なことがあって」

それは年に数回あったそうだ。

母が用意してくれたトレーナーを着ようと、まず頭を下から入れる。

服の中に訪れる一瞬の闇。

そこに何かの二つの眼。

慌ててトレーナーを下に引き、顔を外に出す。

いつもの風景。

「常識的に考えたら、子供ならではの過剰な恐怖心からそういうのが見えてるんだろうって思うでしょう」

当時の香織さん自身も、子供ながらに気にしないようにしていたそうだ。

ほんの一瞬、ごく稀に見える二つの眼。

見た後に気にしなければ、やり過ごせる。

そう思っていた。

小学校六年生の冬のある日、厚手のセーターを着ようとした。

暗闇。

また、眼。

息を呑み、パッと顔を外に出す。

すると眼前に、知らない男の顔。

あの何度も見た二つの眼を持つ痩せた男が、子供部屋に立つ少女の間近にしゃがんでいた。眼の男は灰色のスーツを着ており、見た目に関しては、風貌が与える「大人」という印象だけが香織さんには残っているそうだ。

「きゃあああ！」

叫ぶと、暫くして母が階段を駆け上がる音が聞こえた。

ドアが勢いよく開き、母は、

「誰！」

と叫んだ。

男はまるで母の登場を意に介していないように悠然と立ち上がり、二、三度香織さんに向けて頷いてみせた。

男の様子に面食らった香織さんは、つい頷き返した。

すると男はまたしゃがみ、そのまま床に沈んでいった。

母と香織さんは黙って男が沈みきるまでを目で追った。

あとの記憶は泣きながら母と抱き合っている自分だけだ。

「母は『大丈夫、大丈夫』と声を掛けてくれたんですが、その言葉がどうにも心許なくて。結局、服を着るときの一瞬にはまだ慣れていません」

土壁のある部屋

「誰もいない二階から、ずっと物音がしていたんだけど。あなたまた何か連れ帰ってきたんでしょ」

——そんなことを言われても困るなぁ。

秋元さんは中学校に上がった頃に、母親からよくそう言われた。本人に全く自覚がないことで小言を言われるのは嫌だった。

ある日、二階の自室に行こうと階段を上った。上がりきった正面には和室がある。

その日は襖が開かれており、奥までよく見えた。

そのとき視界に入ったのは、部屋の畳の上に白く霞んだようになったおじさんの上半身だった。畳からおじさんが生えている。

突然の体験にキョトンとするばかりだ。

彼女はこのことを母親に伝えようと一階に下りた。天井を見上げると、二階の上半身が生えている辺りから、男性の腹から下がぶら下がっていた。

秋元さんはますます混乱した。

夕食の支度をしていた母にどう伝えようか。そこでまずは見たままを伝えることにした。

「お母さん。天井におじさんが挟まってる」

そう声を掛けられた母親は、振り向きもせず答えた。

「ほっといたら、いなくなるから」

――ふうん。そういうものなのか。

再度二階に戻ると、おじさんは消えていた。


その家は阪神淡路大震災で全壊してしまって、今はもうない。

ある日、母親とその家の話をしていたところ、彼女の口から不思議な話が語られた。

「あの部屋、いろいろあったのよ」

母親によると、二階の和室に置かれた箪笥の上には仏壇が設けられていた。母親はその仏壇にお経を上げるのが日課だった。

ある日、いつものように仏壇にお経をあげていると、急速に眠気がやってきた。

余りの眠気に耐えられず横になってしまった。こうなると、もう起き上がれない。

とんとんとん。

足音が階段の途中から上ってきた。軽い音からして子供のものだ。しかも一人ではない。

正確な人数は分からないが、三、四人。

足音は階段、廊下と移動し、とうとう母親の横たわる部屋に入ってきた。

足音は横になったままの彼女の周囲で止まった。

——笑っている。

可笑しそうにクスクス笑う音は耳に届いてくるが、目を開けることができない。

暫く笑い声を聞いていると、やがて足音が西側にある土壁のほうへと向かっていき、静かになった。

その後、阪神淡路大震災が起こり、家は全壊した。一階の柱が折れ、二階が斜めに滑る形で崩れたのだ。

そんな状態の中でその二階の和室ばかりは、箪笥も仏壇も土壁も一切崩れたり倒れたりしなかった。

不思議な部屋の記憶である。

クローゼットの中

高校二年生の葵さんから聞いた話。

一家で去年の春に引っ越した先は、新築二階建ての建て売りで、日当たりのいい物件だという。

両親は新しい住居をとても気に入っている。

「でも、私の部屋に、何かがいるんです」

両親は共働きなので、一番早く帰ってくるのは葵さんだ。

誰もいなくても玄関でただいまと言って靴を脱ぎ、そのまま二階の自室に荷物を置きに向かう。

階段を上っていく間に、二階の廊下をパタパタと誰かが走っていく音が聞こえる。

——まただ。

踊り場で一度立ち止まる。すると、自室から何かが軋《きし》む音がする。クローゼットが閉じた音だ。その音を確認してから階段を上りきり、自室へ向かう。

部屋に入ると、念の為に最初にクローゼットを確認するが、もちろん誰もいない。

制服から部屋着に着替えて、制服をクローゼットの中に掛ける。

クローゼットの扉を閉める。キイと先ほど耳にしたのと同じ音が響く。

暫くすると、クローゼットの中から女の子の鼻歌が小さく聞こえ始める。

振り返ってはいけない。

振り返ると、また目が合ってしまうから。

だから葵さんは優しく声を掛ける。

「鼻歌やめて」

流れていた鼻歌が止まる。

「たったそれだけです。鼻歌は毎日じゃないんですけどね。パパには聞こえるみたいですけど、幾ら言ってもママには信じてもらえないんですよね」

天井から足音

岩手県花巻市での話。

由良子さんが夏休みに関東のアパートから自宅へと帰る途中に、一人で父方の祖母の家に寄った。一人で訪れたのは初めてのことだった。

列車を乗り継いで、午後三時を回る頃に到着した。顔を見せるのも久しぶりだったこともあり、祖母は大いに歓迎してくれた。

夕暮れ時になって部屋が次第に暗くなってきていたが、祖母と二人で灯りも点けず話し込んでいた。

すると、二階で誰かが歩く音がした。若い人の足音だ。由良子さんは不思議に思った。

会話を止めて、天井を見上げる。近くに住む従兄弟でも来ているのだろう。

「二階、誰か来てるの？」

「誰も来ていないよ」

「でも足音が」

「いつもだから」

会話の間も足音は続いている。

その日は泊まらずに、そこから二時間以上掛けて実家まで帰った。

祖父は病院で亡くなったはずだし、他に亡くなった人に心当たりはない。足音の正体が分からない。

ただ、実家で父親に訊くと、あの家は足音がするものなんだと答えた。

「いつから？」

父は少し考えた後で、「前から？」と答えた。

祖母にはそれから会いに行っていない。

中年男

肝試しのために都内から樹海に遠征した中村さんと早川さんは、まだ明るい時間から樹海に入り込んだ。だが遊歩道から柵を乗り越えて入ってみたはいいが、方向を見失って、とうとう真っ暗な中をさ迷うはめになった。

何度も位置を確認しようとしているうちに、携帯電話の電源もなくなり、仲の良かった二人も喧嘩を始めた。

最初は些細《ささい》なことでの言い合いだったが、次第にエスカレートした結果、中村さんは闇雲に歩きだし、早川さんは座り込んでしまった。

だが早川さんも座り込んでいるうちに、次第に心細くなった。

おーいおーい。どこだぁ。返事しろよ。

不意に中村の声が聞こえた。空耳だろうかと耳を澄ますが、やはり中村の声だ。

ああ、良かった。戻ってきてくれた。立ち上がって、ここだと声を上げようとした瞬間に、背後から腕を掴まれた。

余りのことに、飛び上がりそうになった。

「あのな」

中年男性の声だ。

「あれに付いていったら後悔するぞ。行くなよ。行っちゃ駄目だ」

腕を握られながら、背後からそう囁かれた。

「あなたは誰ですか」

そんな間抜けな質問をしたが、中年男は答えない。

「早川ぁ！　おぉい早川ぁ！」

中村の声がすぐ近くで聞こえた。だが、先ほどまでの声とは明らかに方向が違う。

「ああ、やっと見つけた。ごめん。俺が悪かったよ。樹海の真ん中に置いていくなんて酷いことしたな」

中村は涙ぐんでいた。

「中村。それより俺の後ろに誰か立ってないか？　さっき腕を掴まれて、動けないんだ」

その言葉を受けて背後に回った中村さんが言うには、木の枝が早川さんの袖に引っかかっているだけだという。

結局二人はその場で明るくなるまで過ごした。その後確認してみると、周囲には古びた献花台と、腐った花束が転がっていた。

手一杯

フロント正面に鏡があるラブホテルなのだという。

「確か、新宿じゃなかった気がするんだよなぁ。新宿のラブホなら、お化けが出るところは自分も彼女も知ってたはずだからさぁ」

城崎は、店員にビールの追加を頼んで、話を続けた。

「多分時期的に池袋だったと思うんだなぁ。渋谷はお互い家から遠いから、使った記憶ないしね」

泡の消えたビールを飲み干す。

「やっぱ詳しく知ってたら、ココにしようかぁ——うわっ鏡から手がいっぱい生えてるぅ——からの、やっぱ別の所にしようかぁって、ならないと思うからさぁ」

外房のリゾートマンション

「今思い出したんだけど、前にもちょっと言ったっけなぁ」

浜崎さんは、過去に会員権販売の会社にいた。そこは日本全国にリゾートホテルを持っており、会員向けに貸し出している。

社員は施設のメンテナンスも担当していた。具体的には布団がボロボロだったら交換するとか、割れた食器や傷ついた備品の交換、剥離した壁紙の補修を業者に発注する等だ。

「俺もチーム組まされて二泊三日で行ったことがあるんだ」

まだ若手だったから、無理が利くだろうと期待されたのかもしれない。

リーダーと後輩と浜崎さんの三人で、箱根とか熱海とか沼津などのリゾート地にある施設を、三日で十施設十五部屋ほど回った。全部天然温泉がある所だった。

「施設に温泉があるのが売りだしね。そのときは確か初日の夜の箱根だったかな。大分遅くなってから施設には着いたんだけど、夜中に風呂場から音がするんだよね。ザブザブって。派手に湯船に出入りしてお湯かぶってる感じでさ。三人とも順番に風呂入ったのは知ってるし、枕が違うのもあって、疲れて気のせいだと思ってたんだけど——」

翌朝、昨晩の風呂の話をリーダーに訊ねた。すると、リーダーは笑顔を見せた。

「あぁ。ここ、風呂場に出るんだよ」

あっさり言われて、後輩共々酷く驚かされたのだという。


そんな話をした後で、浜崎さんはまだ何かが引っかかっているようだった。

「——外房だったかなぁ。あの辺に、何か変なモニュメントありませんでしたっけ。そこからすぐのリゾートマンションのメンテにも行ったんですよ」

リーダー曰く、そこはよく〈落ちる〉らしい。住人でも契約者でもない人が迷い込んできて、〈落ちる〉のだという。

「幸いメンテナンスに行ったときは飛び降りる人はいなかったけどね。行ってみて、どんだけザルなんだって思ったら、エントランスは普通にオートロックで、防犯カメラもある。それでも最上階から飛ぶらしいんですよ」

駐車場に車を入れたところで、リーダーが後輩に言った。

「ちょっとあそこの集合ポスト行ってきて」

よくあるマンションの集合ポストだ。担当部屋のポストに入ったチラシやダイレクトメールを回収する仕事を任されたと思った後輩は、小走りで集合ポストへと向かった。

「浜崎さぁ、集合ポストに後輩以外誰もいないよな」

リーダーが念を押すように言う。少なくとも、見た限りでは誰もいない。

「お前はこっちこい」

管理室の鍵を開けて、二人で中に入る。

「そこ、モニタあるよな」

グレースケールの画面に、集合ポストが映っている。その前に、黒髪を眉の高さで揃えたロングヘアの女性が立っていた。時々そこに後輩が映り込む。

「あいつに来るように声掛けて」

言われた通りに後輩を呼ぶと、彼は小走りで戻ってきた。

「集合ポストに女いた？」

リーダーの質問に、後輩は不思議そうな顔を見せた。

「いえ、誰もいませんよ。シーズンオフですから、最近は誰も使ってないみたいです」

浜崎さんは、モニタを指さした。

「リーダー、そんじゃこれは何なんですか」

「分からん。けどいるから部屋に入れるなよ」

挙動不審になりながら、エレベーターへと移動する。

後輩が言ったように、シーズンオフのため、施設の利用者の姿はない。

三人で分担して、部屋の片付けと備品の補充を進めていると、リーダーから携帯電話に連絡が入った。

「店閉まっちまうから、そろそろ飯食いに行くべ」

外に出ようとしたとき、廊下に女性が立っていた。

黒髪ぱっつんで、白いワンピースにえんじ色のジャージのズボン。

そのときは、見ない振りをして食事に出かけた。

戻ってきたときも、女は出がけに見たときの姿勢のままで廊下に立っていた。

「翌朝には女はもういませんでしたけどね。あと、帰る前、昼飯を食ってから腹ごなしでちょっと海岸沿いを歩いたんですよ。そのときに白ワンピにえんじ色のジャージの下を履いた女が堤防に立っててね。ああ、あの辺にいるんだって」

その後、浜崎さんはその仕事を辞めてしまった。だから今でも女が立つのかはまでは知らないという。

六本木

恒平さんは、前職でインフラ系の点検や工事を担当していたという。

メインの仕事は、地下の共同溝に潜って点検をするというものだった。共同溝とは、電気やガス、水道などの配管を一つの巨大な土管に通しているものだ。共同溝が整備されていれば、個別に地面を掘り返すような工事をしないで済む。

あるとき、彼が派遣されたのは、大都会の真ん中にある共同溝だった。地下鉄の駅を降りて、上を高速道路が走っている大きな道を歩いていくと、途中に目立たないビルがある。

とあるインフラ系の会社の持ちビルだが、地上四階建てのコンクリート打ちっぱなし。築四十年ほどだろうか。窓も小さく、雰囲気がトーチカのようだ。今回はこのビルから共同溝へ入るのだという。ビルの中は地下四階まで降りられるようになっていて、その一番下の階には、共同溝へ繋がる大きな円形のドアがある。潜水艦のハッチか銀行の金庫の扉のように、丸くて巨大なハンドルを回して閉めるようなタイプだという。しかも厳重にロックされており、共同溝側からは開けられないようになっている。

何故このように厳重なのかを以前先輩に訊ねたところ、テロ対策だという回答だった。

確かに道端に入り口があれば、テロリストがそこから共同溝に潜むことができてしまう。なので有人の施設をわざわざ用意し、ドアもセキュリティ対策が厳重という訳だ。

「恒平さ、面白い話を教えてやるよ」

先輩は質問した恒平さんに、悪戯《いたずら》っぽい笑みを見せた。

「そこの社員さんが前に言ってたんだけどさ、そのドアが勝手に開くらしいんだよ。昼間でも夜でも、地下からガチャーンって鍵が開いて、ぎいいいいってドアが軋む音が聞こえてくる。当然確認しに行かないといけないから、一番下っ端の社員が行く訳だ」

そもそもドアは共同溝のほうからは開けられない構造になっている。勝手に開くはずがない。下っ端の社員が戸惑っていると、カツーンカツーンと足音を響かせて、誰かが階段を上がってくる。だが、身構えて待っていても誰も姿を見せない。階段を下りていっても誰もいない。だが、例のドアは開いている――。

そういうことが時々あるのだと、先輩は雰囲気たっぷりに語ってくれた。


今回はそこに点検に入るのだ。仕事だから仕方がないが、そもそも恒平さんは怖い話が苦手だ。先輩の前では大丈夫だと笑い飛ばしたが、内心は憂鬱《ゆううつ》だ。嫌だ嫌だと思いながら、担当の社員さんと並んで地下まで階段を下りた。

社員さんがハンドルを回し、円形のドアを開けた。

恒平さんがドアを潜ろうとすると、社員さんが声を掛けてきた。

「今回は、私も途中まで御一緒します」

通常の検査の際には、点検終了後に、インターホンで呼ぶように言われるのが常である。

それが何故か今回は社員さんも一緒に共同溝まで付き合ってくれるというのだ。

彼は恒平さんよりも、半歩先を歩いていく。

そのまま二十歩ほど歩いただろうか。社員さんが急に立ち止まった。恒平さんもそれにつられて立ち止まる。

顔を見ると、社員さんの表情が硬い。

何があったのだろう。そう思っていると、彼は小さく囁いた。

「今、真後ろにいますから」

——一体何が。

首筋に汗が滲んで、流れ落ちる。改めて社員さんのほうを見ると、何かを我慢しているような顔をしている。これは只事ではない。

背後を意識してみると、背中側から冷たい空気が流れてくる。

共同溝は、内側から圧が掛かっている。普段なら空気が流れてくるのは自分の前方からだ。だが、今は何故か後ろから冷気が漂ってくる。

それに気付いた直後、嫌な汗が噴き出した。

心臓が高鳴る。

そのとき、社員さんが声を上げた。

「はい、いいですよ」

恒平さんを置いて、また歩き出した。


「そんなことがあったらさ、もう一人では作業できないですよ。怖くて。だから社員さんにも、一緒に来てくれってお願いしたんだよ。でも仕事があるからって断られちゃってさ」

普段の半分の時間で点検を終えて、そそくさとそのビルを後にした。

後で先輩に聞いた話だと、その共同溝の工事をしたときにも、そもそもそのビルを建てたときにも、大量の卒塔婆《そとば》が出たという。

バイク置き場

バイク置き場に時々変なのがいて、困っているのだと、川崎は言った。いる、ということは、人間か。そう訊き返すと、そうだと思う、と言葉を濁した。一体どんなものか説明してみろと言うと、女なんだよ、と答えて口をへの字に曲げた。

「女が四つん這いになっていて、バイクカバーが掛けられているんだ」

「変態か何かか」

茶化そうとすると、川崎は真剣な顔をした。

「変態なら話は早いんだよ。そうじゃないから困るんだよ」


最初は雨の夜だった。

近所の駐車場の一角にはバイクの駐輪用に線が引かれており、川崎はそこを契約してスクーターを置いている。

深夜一時。バイト帰りに降られて、全身ずぶ濡れだ。

バイクを置いてアパートまで小走りで帰ろうとしたときに、裸足の足の裏が目に入った。

女の足だ。そう直感した。

一体なんだろうかと立ち止まって確認すると、バイクカバーから両方の足の裏がはみ出て、雨に濡れて街灯の光を反射している。

両膝まで確認できるが、太腿から上はカバーに隠れて見えない。

これは声を掛けるべき案件ではない。そう判断して、自室まで走った。

何かのトラブルに巻き込まれるのは嫌だったからだ。


だが、その夜以来、時々それがいるのを見かける。

中身は若い女で、バイクカバーの中は、あられもない格好をしているのだろう。だが、声を掛けたら、きっとそれを見張っている男が出てきて絡んでくるのだ。

そう思っていた。


「バイク置き場の女、見ましたか？」

駐輪場の契約更新のために不動産屋に行くと、社長にそう声を掛けられた。

時々見ると言うと、社長は困った顔をした。

「最近見なくなってたんだけどねぇ。声掛けちゃダメだよ。お化けだから」

そんなことを言われてもどう答えれば良いのか。

曖昧な顔で、分かりましたと答えた。

はっきりと事情を説明されなければ、単に気持ち悪さが増すだけだ。

「でさ、どうやらあっちは俺のことを毎晩待ってるらしいんだ。というか、俺のアパートに住んでる奴をずっと探しているらしいんだよ」

最近はバイト帰りの度に声を掛けてくる。

昨日は自分の住んでいるアパートの名前を出された。

どうしていいか分からない。

多分今夜もいる——と、川崎は心底嫌そうな顔をした。

伊達巻

総武線にSという駅がある。

かつてそこは、人身事故が多発する駅として、よく知られていた。だが今はホームドアが設置され、過去のような惨事は稀にしか発生していない。

汚名返上だ。


これは、まだホームドアの設置される前の話だ。

由実さんは夕方仕事帰りに、S駅のホームでベンチに座っていた。

ベンチは線路に正対しないようにと、ホームとは九十度ずれた向きに設置されている。

これも人身事故を減らすための涙ぐましい努力の一環だ。

座っている彼女からは、上下線のホームが視界に入る形になる。

列車が出たばかりなのか、ホームに人影はまばらだ。

下りホームの乗車位置表示に、男性が側に小型の黒いスーツケースを置いて立っている。

そのとき、列車の到着を知らせるチャイムが鳴った。下りホームに列車が入る。ドアが開いて乗降客がホームを行き来する。

暫くすると喧騒も去ったが、先ほど男性の立っていたホームの端には、まだ黒いスーツケースが置かれたままだった。

忘れ物かしら。

そう思った由美さんは、ベンチから立ち上がった。

スーツケースに二、三歩近寄ったところで、彼女は目を逸らした。それはスーツケースではなかった。

四角くて黒い無機質のものだが、何故かこれは女だと直感した。しかも何かを物凄く恨んでいる。そんなイメージまでもが伝わってきた。

そんな真っ黒な女が、まるで伊達巻かロールケーキのように身体をぎちぎちに捻じ曲げて、そこに佇んでいる。

これに関わっていたら、不幸になる。そんな警鐘が頭の中に響く。

顔を背けていると、上りのホームに列車が到着するチャイムが鳴った。

列車に乗り込んで、ドアの窓から先ほどの黒い女を確認しようとしたが、もうホームにそれはなかった。

倒れてくる

優先席に座っていると時々あるのだと、金丸さんは曇った表情を見せた。

先日もあった。考えてみれば最近増えている。

地下鉄で席に座っていると、隣の車両から白髪交じりで長身の、痩せこけた男性が移動してくる。

そのタイミングでポイントを通過するのか、車両が左右に大きく揺れる。

揺れた直後に、男性は手すりに腕を伸ばすが、目標を誤っているのか指先は宙を切る。

バランスを崩した男性は、金丸さんに向かって倒れてくる。

「危ない！」

支えようと腕を伸ばすが、男性は消えてしまう。

声を上げた金丸さんのことを、周囲の乗客が奇異の目で見てくる。

この人寝ぼけたのかしら。

何かご病気でも抱えていらっしゃるのかしら。

視線がそう言っている。いたたまれない。

記憶によれば、倒れてくる男性は、毎回顔や服装は違うのだが、白髪交じりで痩躯《そうく》長身という点が共通している。

金丸さんも、膝を悪くして杖を突いていることもあり、できるだけ優先席に座るようにしている。

ただ、もう優先席に座るのはやめようかとも思う。

あの人が倒れてこなければいいのに。

毎度そう思う。

毎度いたく動揺して、そう思ってしまう自分も嫌だという。

頭突きおじさん

真昼間の中央線快速での話だという。

眞子さんは友人と一緒に新宿駅を目指していた。二人は人がまばらな車内で吊革に掴まっていた。座ろうと思えば別に座れるのだが、そんなに長い時間でもない。

がつんがつん。

不意に耳にそんな音が届いた。音のほうに視線を向けると、ドアに向かって頭突きをしている中年の男性がいた。

茶系のスーツを身に着けたサラリーマン風。しかし、スーツを着崩している。紺色のネクタイがだらしなく揺れている。白のワイシャツが垢じみている。

そして靴を片方履いていない。

「――あのおじさん大丈夫かな」

その言葉に、友達がドアのほうにちらりと視線を送って言った。

「あれはあかん奴や」

「え？」

「見ないほうがええ。普通に。普通にして――」

眞子さんは混乱したが、友人の様子に、じっと黙っていることにした。耳には時折男性の頭部がガラスを打つ音が届いてくる。

暫くすると、中野駅のホームに着いた。おじさんは頭をホーム側のドアにくっつけたままだ。このままだとホームに転がり出てしまう。

眞子さんは男性に〈危ないですよ〉と声を掛けるため、ドアのほうに身体の向きを変えようとした。すると、友人に腕を掴まれた。

列車が停まり、ドアが開いた。

男性はそのままドアの前に佇んでいたが、乗り込んできた客は彼をすり抜けて、車内を満たしていく。

列車が走り出すと、もう男性の姿は見えなくなっていた。

マグロ拾い

陽太さんは高校卒業と同時に、鉄道会社の保安業務全般を受け持つ会社で働き始めた。入社してから暫くの間の彼の悩みは、電車で自殺する人が余りにも多いことだった。なぜなら彼の仕事の内容には、所謂〈マグロ拾い〉があったからだ。

列車への飛び込み自殺。そのときに切断された四肢を集める仕事がマグロ拾いだ。

運行の都合上、できるだけ短時間で終わらせないといけない。

実家を出て会社の寮に入っていた彼は、一年に二回、実家に戻る。だが、その度に夢の中で何度も魘《うな》されて、大声を上げた。

周囲が寝ていられないほどの叫び声を心配した家族が訊ねると、寮でも叫び声を上げて同僚達にも迷惑を掛けているらしい。

「首がない人や足だけとか腕だけの人たちが部屋に出るんだよ」

陽太さんはそう漏らした。

「首だけの女もずっと出るんだよ。起きてても出るんだよ。そいつ、口からずっと血を流してさ――」

「お前が帰ってくると、部屋がやたら鉄臭いのはそういうことか」

父親が言った。

口から血を流している女の首は、夜中に息子の様子を心配して彼の部屋を訪れた父親も目撃している。

「あの女、ずっと顔の前でニヤニヤ笑ってるんだよ――」

その女も、部屋に出るその他の人々も、皆何か事情があって、列車に飛び込んだ人々だ。

その後、寮に戻った彼は、パニック障害という診断を受けた。その頃には、仕事もまともにできなくなっていた。

結局、最後は鉄道会社側でお祓いをすることになった。幸い陽太さんは、現在は仕事に復帰している。

深夜の植栽

造園業者は、個人や会社の庭先の手入れをするだけではなく、稀に国や県などの自治体からの依頼で、高速道路や幹線道路の植え込みを整える作業を手がけることがある。

その夜は、地元から一時間以上掛けて、指定された現場まで移動した。

指定された場所に到着すると、四車線道路の中央分離帯の植え込みがごっそりと消えている。そこに周囲と同じような木を植えて、剪定《せんてい》までするのが仕事内容だった。


植栽する木々はトラックに乗せてきている。

まずは周囲の邪魔な木の根を掘り返さねば。

そう思ったところで、スコップを持つ手が止まった。

少し先の植え込みから腕が飛び出している。気のせいだろうかと、同僚に声を掛けようとすると、もう何もない。

やはり何かの見間違いだろう。車通りの激しい道路の中央分離帯、しかも工事中にわざわざ入り込んでくるような物好きはいないはずだ。

だが、あんなにはっきりと見える見間違いというのもあるものだろうか。

今夜は何かが変だと思いながら作業を続けていく。

掘った穴に木を降ろし、土を盛って一通り植え付け作業を終えた。

続いて剪定を開始すると、今度は木の枝の間から目が覗いている。一つや二つではない。枝の隙間から何十という目が、じっとこちらを見ていた。

——これは何だ。

首筋を汗が滴る。

悲鳴を上げて同僚のところまで駆けていくと、呆れたような顔をされた。

「お前、どうしてここの植木がなくなってると思ってるんだよ。そんなこと言われる前に気が付けよ。ここは〈そういうところ〉なんだよ」

事故で何度も車が突っ込み続け、とうとう街路樹が消えた場所。

何年かに一度、同じ依頼が来る。

そこにはいつも人体のパーツが落ちている。楽な仕事だが、気持ち良くはない。

中央道の工事

「俺もう嫌だよ」

五十代後半のベテラン警備員の上里さんは、そう言って肩を落とした。

先日から高速道路の夜間工事の警備に駆り出されている。場所は神奈川と山梨の県境付近。山梨側だ。

「何度も出てくると、こっちの調子も狂っちまうし、そもそもああいうの苦手なんだよ」

いかつい男が、泣き出しそうな顔をしている。

詳しく話を訊くと、工事中に女が出るという。それも毎晩だ。


女は視界にいきなり現れ、足を引き摺るような歪な歩き方で、路肩をこちらに向かって近付いてくる。

やたらと髪が長い。毛先が膝よりも下まで伸びている。

靴は履いていない。ストッキングに大穴が空いて、白い肌が見えている。

高速道路に歩行者が迷い込むことは、通常ではありえない。あるとしたら、何らかの事情で車から降りた場合だ。エンジントラブル、事故、様々な可能性が頭の中を巡る。

だが、そのような異常事態が起きているなら乗ってきた車が目に入るはずだ。近くの路肩には停まっている車は見当たらない。

「どうかなさいましたか」

上里さんが声を掛けても女は止まらない。

歪なのは歩き方だけではない。手足の長さが左右で違う。首の位置がずれている。

恐怖に声を張り上げても、女は立ち止まらずに近付いてくる。

「どうかなさいましたか！」

気付くと身体が動かない。もう目と鼻の先、手を伸ばせば届く距離。それでも身体が動かない。女は速度も落とさず、身体をすり抜けていく。

身体が動くようになって、慌てて振り返ると、もう女はいない。

それが毎晩だという。

配置換えをしてもらっても、何故か女は上里さんのところにだけ現れるらしい。

工事関係者によると、上里さんのように工事中に見知らぬ女に纏いつかれて、「何で女連れで現場に入っているんだ」と周囲に不思議がられることは少なくないという。

変電所前

交通の要所の一つに、その変電所はある。

だが夜になると、打って変わったように人も車も減ってしまう。昼間の喧騒が嘘のようだ。街灯もきちんと整備されているのに、雰囲気がやたらとおどろおどろしい。

その夜は夜勤が早く終わったため、谷口さんは自宅への道を自転車で飛ばしていた。

「女性は早く帰ったほうがいいよ」

遅くなる度に上司は気を使ったような言葉を掛けてくれるが、それならば普段からもっと早く解放してくれないものだろうか。

変電所の横を抜ければ、畑ばかりの道となる。信号や人、車に出会う心配もない。カーブを曲がり、ペダルを一生懸命漕いでいると、前方にぼんやりとしたオレンジ色の明かりが見えた。


ここ、少し前に死体が転がってたんだよなぁ。

出勤時に警察に通報したことがあるのだ。それも一度ではない。

普通ならそんな物騒な場所は避けるものだが、とにかく自宅まではこの小路を通るのが一番早い。別の道は大きく迂回させられるのだ。

少しでも早く帰りたいという欲求には勝てず、暗闇の中で薄ぼんやり光るライトを頼りに自転車を走らせる。しかし、先に見えるあのオレンジ色の明かりは何だろう。


「なぁ、助けてくれよ」

突然話し掛けられた。急ブレーキを掛けて自転車を停める。見渡しても誰もいない。周囲に意識を向けても虫の声が聞こえてくるだけだ。

「あんた見えてんだろ。なぁ？」

しゃがれた中年男性の声。ただ——これは人のものではない。そう直感して再び自転車を漕ぎ出す。先ほどよりもっと速く。もっと急がなくては。

「待てって」

そう言われて待つ者がいるだろうか。幽霊など絶対に見たくない。

以前それらしいものを見て、四十度越えの熱で死にかけたのだ。

ぼんやりと滲むオレンジ色の明かりに近付いていく。

谷口さんはそこで気が付いた。明かりは変電所側の、路肩が広くなった所に灯っている。

あそこは、死体の転がっていた場所だ。目を瞑って駆け抜けようかと思ったが、流石に夜中、自転車を飛ばしながら目を瞑るほどの度胸はない。

突然、暗闇の中に男の姿が浮かんだ。

「あんた、助けてくれよ」

半透明の腕をゆっくり伸ばしてくる。その手が自転車に届く前に視線を背け、更にペダルを漕ぐ速度を上げた。

——あのときの人だ。

間違いない。

悲鳴を上げたかった。だが、上げても声は誰にも届かないだろう。

だから喉の奥に飲み込む。

嫌な記憶が蘇る。何せ最初に通報したときも、とても困ったのだ。

その死体は背中に刺青《いれずみ》を背負い、見せつけるかのように、大きく股を開いていた。

電話で警察に状況は説明できても、男の死体に近寄ることは憚《はばか》られた。

今し方、声を掛けてきた男の全身を覆う図柄は、そのときの死体と全く同じだ。

だが、全裸。

ああ、全裸。

横たわっている状態であれば、目を逸らすこともできる。だが立ち上がって動いているのだ。前後左右にぷらぷらと。

こちとら未婚の女子だ。怖さよりも前に、目のやり場に困る。

こういうのは、化けて出るにしてもやめてほしい。

恐怖よりも嫌悪感。痴漢に出会ったのと同様の気持ち悪さを抱えながら、谷口さんは、ただひたすらにペダルを漕いだ。

渋谷

厚手のコートには早いが、薄手のコートは必要な時季だった。

綺羅さんは、好きなアーティストのＣＤのリリースに合わせて、ＣＤショップが店頭展示をしたり、アドトラックが走るという話を聞いて、仕事帰りに渋谷に足を運んだ。

時間は二〇時を回っていた。平日の夜ということもあり、人通りはさほど多くない。

最初によく行くＣＤショップチェーンに向かった。すると、歩道のガードレールのところで遊ぶ男の子を見かけた。小学校低学年くらいだろうか。

長袖Ｔシャツに半袖Ｔシャツをレイヤードにして着ているが、コートが必要な気温では、見るからに寒そうだ。

最初のＣＤショップを出て、その足で次のショップに向かう途中、アドトラックが通り掛かるのを待つ。

先ほどの男の子が今度は歩道で遊んでいる。

周囲の人は男の子のことを無視しているようで、何だか彼が街から取り残されているように感じた。

あの格好で風邪とか引かないのかな。

少し気になったが、声を掛けるのも違うだろう。きっとどこかに親もいるはず。

ショップに入店して、暫く店内をうろついて店を出た。

タイミングよく通り過ぎてゆくアドトラックを眺める。

もう男の子は見当たらない。寒いし時間も遅いから帰ったのだろう。

そのとき、自分から見てすぐ横に立つ証券会社のウィンドウディスプレイが気になった。

ウィンドウの奥にはブラインドが下ろされている。ガラスとブラインドの間に、ライトの入った大きな看板が輝いている。

その看板の横で、先ほどの男の子が手持ち無沙汰そうにしている。

彼はこちらの存在に気が付いたのか、見上げるようにして視線を送ってくる。

家族の人か誰かが、手続きをする間に遊んでいるのかしら。

それとも寒くて、ビルの中に入って悪戯でもしているのかしら。

いろいろと考えが浮かぶが、ブラインドの中は真っ暗で、もう営業は終了しているのは明らかだ。奥で誰かが作業しているような気配もない。

綺羅さんはコートの襟元を締め、その場をそそくさと立ち去った。

見張り

杉本君は大学を卒業した後、暫くフリーターをしていた。

固定のアルバイトは性に合わないと、短期バイトばかりを次から次へとこなす日々。

生花の問屋、物流倉庫の検品、交通誘導員、引っ越し作業員などが主だったが、一度だけ友達の紹介で「民家の張り込み」という仕事をしたことがあるという。

日当は一万円。ある一軒家の前に停車されたワンボックスに乗り、ひたすらその家から誰かが出てこないか見張るのが仕事の内訳だった。

怪しいバイトだと分かっていたが魅力的な日当と友達の「楽だよ」という言葉が背中を押した。

友達に指示された住所に行くと確かに車があり、ドアに鍵は掛かっていなかった。事前に聞いていた通り、車内には誰もいない。十六時から二十一時まで、目の前にある家を見張る。

という訳なのだが、その家は庭木の荒れ方、雑草の伸び方から見ても完全な廃屋で、そもそも玄関戸がトタン板で覆われている。車内から見えるのは玄関戸と小さな門までの僅かなアプローチのみ。そのアプローチも殆どが雑草で隠れている。

結局見るべき場所は門だけと思っていいのだろう。背が低いブロック塀が廃屋を囲っているが、その向こうには繁った木があるだけだ。

運転席のほうを見ると、キーが刺さっていたのでエンジンを掛けてラジオを鳴らした。

確かに楽なバイトだ。

門を眺めながら、人気芸人が軽妙に話すこの番組を楽しんでいればいい。

十九時を回ると、辺りは暗くなった。近隣の民家も暗いままで、どこにでもありそうなただの住宅街にしても、一際活気が感じられなかった。

あと二時間もあるのか――と、そろそろ飽きてきた頃。幾つもの小さな人影が、廃屋の塀をぴょんぴょんと跳び越えて、路上に着地しては右へ左へ走り去っていくのが見えた。

出てきた！

確かにあの廃屋から出てきた！

慌てて友達から渡されたメモに書かれた番号に電話を掛ける。

コール音が聞こえる間にも、まだまだ人影が出てくる。もう何十人もが廃屋の前庭から溢れている。

『はいもしもし、●●出版です』

『出版？　ええと……。見張りアルバイトの杉本です。出ました。あの家から人が出てます』

『ああ、出ました？　どんな感じですか？』

応対する男性の落ち着いた口調が、現状に似つかわしくない。

『小さな人です！　子供かな？　よく見えないんですよ。それが、何人も何人も塀を飛び越えて出てきてます。何なんすかこれ。うわあ、まだ出てくる』

『ああ、そうですか。もうそれが確認できたらいいですよ。今日はもう帰ってもらっていいです。あとから謝礼を渡しますので』

『え。いいんですか。はい……』

早上がりで金を貰えるなら、これ以上話を混ぜっ返す必要はない。

車を出てから廃屋を見たが、あの人影が全く見えなくなっていた。

もう一度車内から見たら、見えるのかな。どういうカラクリでああなってるのかな。

などと思いつつ、杉本君はその場を去った。

海と川と井戸

小学校四年生の頃。

父と釣りに行ったときに、海から人の形をした黒い靄が立ち上り、水面を滑るようにどこかへ去っていく様を見た。


中学一年の頃。

友人の一家に混じって、山でキャンプをしたときに、渓流から人の形をした黒い靄が立ち上り、水面を滑るようにどこかへ去っていく様を見た。


三十二歳の頃。

妻の実家の古井戸から人の形をした黒い靄が立ち上り、暫く井戸の上でぐにゃぐにゃと形状を変えた後、また井戸の中へ戻っていく様を見た。

何だか知らないが水の上じゃないと動けないものなのだろう、と思った。

理科室

原発の町にある県立高校での話である。

矢下君は、理科室には何かがあるに違いないと確信していた。

最初は学校の七不思議に興味を持ったことから始まった。十三階段や音楽室の怪といった定番が殆どだったが、その中に〈廊下を走る落ち武者〉という話があった。

よくあると言えばよくある話である。しかし、この話を信じているのは生徒達ばかりではなかった。先生や事務の人の中にも目撃者がいるのだ。

丁寧に噂を集めてみると、どうやら起きる場所が限られている。使われていない旧校舎の廊下を、複数の落ち武者が駆け抜けて、そこの理科室のドアの前で消えるのだ。

だが、実際に自分の目で見ないと納得できない。

そこで矢下君は現地で確認することにした。夏休みの深夜、友人の山田君を呼び出して、二人で夜の校舎に忍び込むことにした。山田君もオカルトマニアで幽霊を見たがっていた。

旧校舎に忍び込むルートを事前に調査し、理科室の鍵も教員室から盗み出してある。どうせ誰も使っていないということで、管理は杜撰《ずさん》極まりない。

「ここまでは楽なもんだったな」

「誰も使ってないし、今は放置されてるからなぁ」

建て替える予算も、解体する予算もないらしいとは聞いている。

セキュリティも入っていない。人目も届かないので、懐中電灯を手にして移動しても通報される心配もない。やりたい放題である。

理科室の奥には準備室があった。

そこには使われていない資料や書籍が詰め込まれていた。人体模型に丸められた元素周期表のポスター、欠けた乳鉢《にゅうばち》、錆の浮いた天秤ばかりの重り。そういったガラクタが顧みられないまま放置されている。

その一角に、プラスチックの衣装ケースが積み重ねられていた。胸の高さまで積まれたケースが何列にも並べられている。

「これ何だ」

「開けてみようぜ」

中には、ぎっしりと古い骨が収められていた。二人は元に戻してすぐに逃げた。

後日、理科の先生に訊いてみると、どこからその話を聞いたんだと目を丸くしながら由来を教えてくれた。

何年前のことかはまるで分からないが、学校の敷地から出土した古い骨とのことだった。記録によれば、合併して新校舎を立てるときに、古い墓地を潰したことまでは分かっている。恐らくはそのときのものだ。事件性もないということで、そのままになっているらしい。

「何でそのまま放置してんですか。お化け出るって噂じゃないですか」

「何か、俺が聞いた話だと、いつかこれで骨格標本を作るつもりだったらしいよ」

だが、これから先、未来永劫誰も骨格標本など作らないだろう。何体分もの骨のパズルなど、誰も解きたくはない。慰霊もするつもりはないようだ。

今もその高校では、毎晩のように鎧武者が走っているという。

愛嬌

ニコニコと笑顔を振りまいて、何とも可愛らしい子だ。
誰の親戚だろう？
葬儀屋がボタンを押すと棺桶が火葬炉に向かって動き出した。
子供はパッと顔を輝かせて、その様を見守った。

またあの子がいる。
相変わらず弾けるような笑顔だ。
上司の通夜で葬列者が厳かに線香をあげていくのを、あの子は間近で見ていた。

またあの子がいる。
病院の廊下。たった今、妻を亡くした自分をあの子が見ている。
もう、この子を可愛らしいとは思えない。

蝿

引っ越し先に、また蝿がいた。

背中に真っ赤な丸い模様の付いた鈍色《にび》をした巨大な蝿で、窓のガラスの中央に留まってじっとしている。

何度も転勤で引っ越しを繰り返したが、入居した当日には必ず窓に留まっている。追い払おうとしても出ていかない。ただ、どんなに部屋を締め切っていても、翌日には姿が見えなくなっている——。

一回や二回なら偶然だろう。しかし、五回六回十回を過ぎると、もう別の何かだ。気持ちがいいことではないので、無視するようにしている。どうせ翌日には消えるのだ。

今まで誰にも話したことないんですよ。でも、こんなつまんない話でもいいんですかと、光塚さんは釈然としない顔をした。

イエユウレイグモ

一般家庭の屋内に最も多く棲息する蜘蛛《くも》の一つで、イエユウレイグモというのがいる。

庭先に袋を作る地蜘蛛《ジグモ》、巣を作らずに蝿を追う蝿取り蜘蛛、夜のトイレに出ると飛び上がるほど驚かされる足高蜘蛛《アシダカグモ》——この辺りは極めてよく知られた蜘蛛である。イエユウレイグモも屋内に出る蜘蛛としてはメジャーな部類であるはずなのだが、有名所に比べて視認の機会が少ないためか意外にその名は認識されにくい。よく似たザトウムシと間違われやすいせいかもしれない。

そのイエユウレイグモが、水島さんの自宅の洗面台にぶら下がっていた。

逆さまにぶら下がるそれを見て、蜘蛛だ——と思った。

それを払おうと、蜘蛛の上に手を翳《かざ》したが糸がない。

下に翳しても糸がない。右も左も前も後ろも糸がない。

その蜘蛛はどこからも糸を垂らさず、どこにも足場を作って踏んばることもなく、そして風に漂うことすらもなく、空中に浮かんでいたのだった。

調べてもみたが、飛ぶ習性は特にないようだった。それだけの話。

自己主張

以前美波さんの実家では、ゴールデンレトリバーを飼っていた。名前はメルという。

ただ、十歳を超えてからのメルは病気がちになっていた。そんなある夜、夜中に勝手に網戸を開けて外に出て、そのまま交通事故に遭って帰ってこなかった。

美波さんの両親はとても後悔し、それ以来動物を飼っていない。

メルが事故に遭ってから一年ちょっと経ったあるとき、知人から頼まれてダックスフントを預かることになった。

両親も久々に犬に触れるのが嬉しく、時間はあっという間に過ぎていった。

夜には用事の終わった飼い主が引き取りに来て、その犬は帰っていった。

新たに犬を飼おうとまでは思わないが、やっぱり犬のいる生活はいいね。

両親はそう言い合ったという。

その夜、居間から音が聞こえた。

カツカツカツという床に爪が当たる音。鼻を鳴らす音。それからドスンと身体を横たえた音。その後でふーと深く吐き出す息の音。

忘れられるものではない。メルがいつも寝場所を定めるまでの一連のしぐさの音だ。

ここは自分の居場所だ。新参者に荒らされてなるものかと言っているのだろう。そう母には思えた。

「大丈夫よ。新しく犬は飼わないわよ」

嫉妬でもしているのだろう。思わず笑ってしまう。でもそんな可愛らしさが嬉しい。

事故で家に戻れなかったあの子が戻ってきているんだ。

自然と涙が流れた。

その後も犬を預かることはあったが、その度にメルの音はしたという。

しょんぼり

「友達が、犬に取り憑かれてるんですよ」

敏明は友人の悠介の話をしてくれた。

きっかけは、悠介が遊びに来たときのことだという。

夜の十時を過ぎた頃に、小腹が減ったので、コンビニに二人で夜食を買いに出かけた。

コンビニまでは住宅街を抜けて、片道五分程度の道のりだ。

「あれ、犬だよな」

道中、悠介が前方を指さした。その先には折りたたみ式のゴミ回収ボックスがある。目の粗い網の張られた、カラス避けの構造物だ。明日の朝は可燃物の回収があるので、中には幾つかのゴミ袋が入っているのだろう。

「ゴミ袋だろ。犬なんて見えないぞ」

そう答えると、悠介は回収ボックスまで走っていった。その後を慌てて追いかける。

「何だよ急に走り出して」

「捨て犬だぜこれ」

指さす先には、口を縛られたゴミ袋が三つ転がっていた。どこを見ても犬はいない。奴には何が見えているのだろう。

「いや、犬なんかいないって。いいから早くコンビニ行こうぜ」

回収箱を食い入るように覗き込んでいる悠介にそう声を掛けると、こんなしょんぼりとした犬は放っておけないだろうと、顔も上げずに答えた。

「――先行くぜ」

付き合っていられない。

先に歩き出して振り返ると、悠介が回収箱に入って、ゴミ袋を持ち上げていた。

立ち止まって様子を見ていると、気が付いたのか、首を振りながら駆けてきた。

「犬、いなくなっちまったんだよ。何だかさっぱり分からない」

「俺には最初から見えなかったけどなぁ」

帰りは別の道を通って帰った。

ただ、悠介が敏明の部屋に遊びに来て、毎度コンビニに行く度に、奴はそのゴミ回収ボックスの前で立ち止まる。

しょんぼりとした犬がそこにいるのだと、悠介はいつもそう説明する。

ちょっと手伝ってくれないかと呼び出された朝倉さんは、正午頃に指定されたマンションまで足を運んだ。五階建ての賃貸物件でエレベーターなし。見た目もボロボロだ。その前に白髪のカーディガン姿の男性と二十代のスーツの男が立っていた。

「お。田村さん御無沙汰です」

「おお、急に呼びつけちゃって悪いね。四階のあの部屋の中を調べるのに、一緒に立ち会いしてもらおうと思ってな。うちの社員も一人連れてきたけどね」

田村さんは四階の角部屋を指さし、夜逃げされたみたいなんだよと続けた。

朝倉さんも田村さんも、不動産管理を生業としている。

住人に連絡が取れないなどで、管理物件の内部を確認する場合には、同業者などを立ち会いに伴う。これは一部の不動産屋のローカルルールみたいなものだ。

先に階段へと向かう田村さんと、その後を歩く若い社員に視線を送り、朝倉さんは再度四階を見上げた。すると、今から向かう角部屋に、真っ黒い霧が掛かっていた。

訝しみながら田村さんの後に続いて階段を上っていく。

「この部屋、何かあったんすか」

「相変わらず鋭いな。事故物件って訳じゃないんだがね。この土地は元々廃神社でいろいろ起きるんだよ。あとこの部屋の前のオーナーが宗教関係とトラブったとかで、変な噂もあるのさ。結果、もう何度お祓いしたか分からんなぁ」

そんな話をしているうち、ドアの前に着いた。

換気扇が回りっぱなしだが、異臭などはない。自殺ではなさそうだ。

だが、何度連絡を入れても住人とは連絡が付かないらしい。

「やっぱり出ないわ」

田村さんは携帯電話をポケットにしまい、代わりに鍵を取り出した。

「臭わないから、死んじゃいないと思うが、お前ちょっと中見てきてくれ」

若い社員に鍵を放り投げる。受け取った社員は鍵を開けると、ドアをゆっくりと開いた。

バタン。

彼は急に勢いよくドアを閉じた。田村さんがどうしたどうしたと声を掛ける。

「顔がありました」

「女の幽霊か？」

「猫……だと思います」

「女の幽霊の話は聞いてるが、猫は初耳だな」

田村さんはドアに手を掛けると、一気に開いて中を覗き込んだ。

「ほら、何もいねぇじゃねぇか。見間違いだよ。ちょっとお前、奥まで見てこい」

露骨に嫌な顔をする社員に向かって、田村さんはそう命じた。社員が室内に入ると同時に彼はドアを閉じた。ドアに背中を預けて煙草に火を点ける。

時間にして二分程度経った頃に、内側からドアが激しく叩かれた。

社員が必死に叩いているのが伝わる。中で何か叫び声を上げているのも伝わってくる。

「何だ。あいつ泣いてんぞ」

田村さんがドアを開けると、目に入ったのは廊下の横幅いっぱいの巨大な猫の首だった。

それは赤い口の中を見せながら威嚇《いかく》している。

社員は泣き声を上げながら転がり出てきた。よほど怖かったに違いない。それを見て田村さんは諦めたらしい。

「悪いね朝倉さん。今日は出直しだ。女の幽霊じゃなかったわ」

クランク

礼香さんが自動車学校の実技で苦手だったのは、S字とクランクだった。

車幅感覚というのだろうか、そこがはっきりと意識できない。クランクを通過する際に、脱輪してしまうことが何度もあった。結局練習を繰り返すことで、実技は何とか通過できた。

だが、公道でそんなに狭く曲がりくねった道に入り込むことがあるのだろうか。

そう思っていた。

まだ初心者マークも取れていない状態だったが、運転に慣れた頃というのも、油断に繋がっていたのかもしれない。

ある夜、近道をしようとナビの指示で入り込んだ小道が曲者だった。携帯のナビでは簡単に抜けられるような気にさせられたが、実際に入り込むと、思っていたよりも幅が狭かった。

緩やかに曲がったカーブの奥が、正にクランクだった。

街灯がないので暗く、ヘッドライトだけでは視野が狭い。

ゆっくり落ち着いて進めば大丈夫。

そう思った矢先に、ヘッドライトで照らされた視界にストッキングを履いた女性の脛から下だけが立っていた。

——どうしよう。

一度入り込んでしまったクランクを、バックで戻るだけの技量はない。

前に行くしかないのだ。

彼女はゆっくりと車を前に進めた。

〈脛から下〉が車体に近付いてくる。このままだとぶつかる。轢いてしまう。

礼香さんは窓を開けて叫んだ。

「邪魔！　あんた轢き殺されたいの！」

その叫びが届いたのか、〈脛から下〉は消えた。

ただ、そこを抜けるときに、車の左側の側面に、手のひらほどの長さで擦った跡が付いていた。

彼女の主張によると、あの足の祟りに決まっているとのことである。

自動運転レベル５

道路の曲がり角から一台のセダンが出てきた。
セダンは下校途中の小学生の脇を走り去っていった。
白地に青の花柄のシートカバーを付けた運転席は無人であった。

一九八〇年初頭頃、テスラ登場以前の話である。

チクリ

いたっ！
右腕を見ると、裁縫用の針が一本浅く刺さっていた。
御丁寧に穴には糸が通っていて風にそよいでいる。
辺りを見渡すも歩道には自分しかいない。
針を抜き、道路に投げ捨てる。
いたっ！
五歩ほど進んだところで、また右腕にチクリときた。
見ると、針。
さっきと全く同じ長さの糸が通っている。
ええっと思い、道路に捨てた針を探すために五歩戻る。
いたたっ！
見ると、三本の針が右腕に刺さっている。

独り暮らしの地味怪

独り暮らしのアパートにて。

狭いキッチンでチャーハンを作っていた。

ホットプレートの熱量は思うように強くならず、一心不乱に御飯と具を混ぜ合わせていた。

背後でカチッ、カチッと音が鳴った。

点けっぱなしのテレビから聞こえるものと違って、臨場感のある音だった。

振り返ると、百円ライターが宙に浮き、歯車がカチッ、カチッと回っていた。

小さな火花が、音に合わせて散る。

が、何度か火花を散らせたのち、ライターがポトリと床に落ちた。

そういえば、あのライターはガスが切れかけていた。

起きたことに対する驚きは思ったより細やかなもので、またチャーハンを混ぜ合わせた。

ちょっとひとひねり

宇佐美は自他共に認めるフィギュアコレクター。特に美少女キャラがお気に入りだ。手の脂が付かないようガラスケースに飾ってあるのだが、パソコンで作業する机の横に専用の棚を置いている。

今日も推しを眺めてはニヤける毎日、コロナ禍において唯一の利点である。リモートワーク万歳。

午前中の仕事が一段落して、伸びをしながらフィギュアの棚に視線を移す。

違和感。眼鏡を外して目頭を指で揉む。

再びフィギュアに目をやる。先ほどよりも違和感が強い。

立ち上がってガラスケースギリギリまで顔を近付ける。

「あああああっ！」

本当に膝から崩れ落ちるということがあるのだと身を以て知った。朝見たときはいつもと変わらなかった。愛らしい笑顔をこちらに向けてくれていたのに。

美少女キャラの腰のところで、ぐるりと何回転も捻れている。明後日の方向を向いて変わらぬ麗しい笑顔を浮かべているのだ。

よりにもよって限定モデル、今はもう手に入らないもので――。起きた出来事の不可解さよりもそのことのほうがショックが大きい。

――俺、泣いてもいいと思うんだ。

電話口で鼻を啜《すす》る宇佐美の声は酷く湿っていた。

お勧めのアプリ

河合さんが友人と訪ねた店は、亡くなった知人が生前行きたがっていた店だった。

そのことを伝えると、友人は「それじゃ、こうしようよ」とグラスを一つ多く貰って、亡くなった知人のために席を作ってくれた。

暫くの間、友人相手に亡くなった知人の話をしながら偲《しの》んでいると、テーブルに置いていたスマートフォンから声が流れ始めた。

確認すると、触れてもいないのに、ラジオを聴くためのアプリが立ち上がっている。

どうして起動したんだろう。

疑問に思ったが、そのままアプリを終了させて、テーブルに戻した。

再び知人の話を続けていると、先ほどと同じアプリが立ち上がって、ラジオを大音量で流し始めた。

そこで漸く思い出した。

そのアプリは、知人が生前に教えてくれた、一番お気に入りのものだった。

発信履歴着信履歴

休日の夕方、ソファーに座って寛いでいる歌子さんのスマートフォンに、彼女の夫からの電話が掛かってきた。

あれ。彼は今、台所でポップコーンを作っているはずなのに。

テーブルの上には、彼のスマートフォンも置かれている。

着信のバイブレーションはまだ止まらない。悪戯だとしても興味があった。

電話を受けると、知らない男性の声が「フフフッ」と笑い声を上げた。

その声に全身に鳥肌が立った。

思わずうわっと声が出た。すぐに通話を切り、ちょうどポップコーンを作り終えて、皿に盛っている夫を呼んだ。

二人で彼のスマートフォンの電話アプリを確認する。発信は一分前。妻である歌子さんに向けての発信履歴が残っていた。彼女のほうにも着信履歴が残されていた。

「一体誰が？」

そうして二人で顔を見合わせたという。

ファービー

「ファービー」という玩具を御存じだろうか。

人気米国映画のキャラクターによく似た造形も相まって、一九九八年に米国で販売されるやいなや世界中で一大ブームを引き起こした。頭や腹、背中に五種類のセンサーが内蔵され、会話や撫でるといった愛玩動物に接するような行為で学習し成長する。正に「電子ペット」の先駆けとも言えるものだった。

現在看護師の香織は子供の頃、兄が買ってもらったファービーが羨ましくてしょうがなかった。それがどうしても欲しくて、兄と本気で取り合いの喧嘩になったほどだ。

だが、それも飽きっぽい子供のことである。成長するに連れて興味は別のものへと移っていき、成人前には見向きもしなくなった。他の玩具等とともに纏めて納戸にしまわれたのもまた必然だったのだろう。

「ファー……ビエ……」

廊下の突き当たりにある納戸は香織の部屋の隣になる。そこから時折思い出したように漏れ聞こえる鳴き声に、幼い頃に兄と喧嘩してまで取り合ったことを思い出すくらいでそのときは大して気にもしていなかった。

二〇一一年三月十一日、東日本大震災。

たまたま出張に行った福島で罹災した兄は、二度と帰ってこなかった。ちょうどその頃電池が切れたのか、ファービーの鳴き声も聞こえなくなった。

それから暫く経ったある日の夜勤明け、一人部屋で寝ているときだった。

違和感に身動《みじろ》ぎする。動けない。誰かに伸し掛かられている。叫ぼうとするが妙な呻き声になるばかりで声が出せない。口にガムテープが貼られていた。

何故こんな状況になっているのか。酷く混乱した。どこから入ってきた？　玄関の鍵はちゃんと掛けたはずだ。いや、掛けた、だろうか。よく覚えていない。

布団を捲《めく》られ、身体を弄《まさぐ》られる。耳元に荒い息遣い。服に手を掛けられ、最悪の事態が頭を過ぎる、その瞬間。

「てめぇ妹に何してんだぁっ‼」

隣の納戸から響き渡る怒号。侵入者は慌てて逃走した。

安堵したのと同時に涙が溢れた。余りのショックに震えが止まらない。

「ふぁあ……ぶぃぃぃ」

酷く気の抜けるような鳴き真似は、兄がふざけて自分を笑わせようとするときのそれそのままで。

「お兄ちゃあん！」

納戸に飛び込んでファービーを探す。見つけ出したファービーに電池は入っていなかった。後に母から聞いたところによると、電動の玩具類は液垂れすると面倒なので電池は全部外してから納戸にしまうのだという。

そしてそれ以降、母の手で手入れされ綺麗に整えられたファービーは、兄の遺影と一緒に仏壇に飾られている。

工具箱

貴史さんは内装工事を担当する職人である。

ある女子高が夏期休暇になり、会社の職人数人で内装工事に入ることになった。

打ち合わせの後で、彼は自ら志願して、広い校内でも人がいない場所へと向かった。

一九〇センチ近い大男で、風貌が東南アジア系に間違われる顔立ちということもあり、部活などに来る女子高生を驚かせないようにとの配慮である。

貴史さんは工具箱を自分の斜め後ろに置き、壁に向かって作業を開始した。

振り返らずとも右手を背後に伸ばせば工具箱に手が届く。指の感覚だけで工具箱の中を漁れば、必要なツールを拾い上げることができる。

座り込んで黙々と手を動かす。作業時間は限られているのだ。

作業を始めて小一時間ほど経っただろうか。右腕を背後に伸ばした瞬間に違和感を覚えた。伸ばした先に工具箱がない。

振り返ると、置いた覚えのない位置に工具箱が移動していた。手を思いきり伸ばし、更に指先まで伸ばさなければ届かない。

——いたずらか？

周囲に人の姿はない。

工具箱には金属製の工具が満載されているので、それなりに重量もある。

自分は壁際から一歩も移動していない。

首を捻りながら、工具箱を引き摺り寄せた。

「おかしいぞこれ」

気味の悪さに独り言を零しながら、作業を再開した。

だが再開したはいいが、工具箱は何度も手が届かない位置にずれていく。その度に引き寄せていたが、とうとう我慢の限界が来た。

「あー、もう！」

貴史さんは怒りの声を上げた。衝動的に手元にあった電動釘打ち機で、工具箱を内側からコンクリートの床にピン五本で固定した。

——コンクリだろうが何だろうが、こいつに掛かれば屁でもねぇぜ。

最近入手した最新の釘打ち機は、コンクリートも砕かずにピンを打ち込むことができる。

これで大丈夫だ。

壁側へ身体を向けて作業を再開すると、背後で鈍く金属の軋む音がした。

ぎ、ぎ、ぎぃ。

振り返って工具箱の中を覗くと、箱の底が打ち込んだピンで抉《えぐ》れている。抉れてはいるが、先ほどのような移動はしていない。動いたとしてもせいぜい数センチ。

それ以降、工具箱は移動しなかった。

——勝ったな。

謎の満足感とともに貴史さんは仕事を終えた。

だが、仕事を済ませた後で、工具箱をどのようにして床から引き剥がすか、また穴を開けてしまったコンクリの床をどうするかで、頭を抱える羽目になったという。

石やん

墓地からはみ出した卒塔婆が道路に倒れていたのを、石塚さんはわざと避けずにダンプで轢いた。その直後、轢いたのとは反対側となる運転席側のタイヤがパンクした。石塚さんを乗せたダンプは、バランスを崩して電信柱に直撃した。

「――本当に若い頃から石やんは、そんな話ばっかりなんだよ。今回の現場にもあいつ来るだろ。だから絶対何か起きるから気を付けて」

現場監督は付き合いが長いらしく、何度も痛い目に遭っているらしい。


地面を掘っていると、地中から大人の背丈よりも大きな石が現れた。

「これどうします？」

「とりあえず出さないと始まらんからなぁ。ロープで括って上げちゃってくれる？」

クレーンで持ち上げ、穴から取り出した石にホースで水を掛けると、泥の中から浮き彫りのような加工の跡が現れた。

「これ、仏さんだよなぁ」

作業員から不安そうな声が上がった。この手のものは、最悪何が起きるか分からないと皆経験から知っている。

「けけけ。こいつはひでぇ面だな」

その石の細工を見て一際大きな声で笑ったのは、石やんこと石塚さんだった。いつの間にか見に来ていたらしい。

「いやはや、仏さんにしちゃ、どうにもこうにもひでぇ面を晒してるじゃねぇのよ」

ゲラゲラと声を出して笑う。

だが、周囲の作業員には、何がおかしいのかさっぱり分からない。

そのとき、岩がごろりと動いた。

太いナイロンのロープで固定されている岩が、地響きを立てる。ロープが千切れ、ぐるりと方向を変えた。

「石やん、逃げろ!」

岩が石塚さんを追いかけていく。もうもうと立ち上る砂埃で安否が分からない。

「痛ぇ!」

数秒後に、石塚さんの叫び声が現場に響いた。

「あの石に乗られたんだ。ちくしょう。病院行ってくるぜ」

石塚さんは明らかに折れている足首を引き摺って、自分自身で運転して病院へ向かった。

報告を聞いた監督は頭を抱えた。

半日すると、彼はギプスで固められた足を引き摺って現場に現れた。

「三カ月だってよ」

事もなげに言う。

「で、あの石はどうすんのよ」

石塚さんの問いかけに、酒を掛けて埋め戻すことになったと答えると、彼はちょっと待ってろと言って、車に戻った。

「これぶっかけとけ」

後部座席から持ってきたのは、四リットルのペットボトルに入った二十五度の甲類焼酎だった。

「痛み止めだけど使っていいぞ」

清酒でなければダメなのではないかと皆が思ったが、石やんの迫力には勝てなかった。

岩は安焼酎をたっぷり注がれた後に埋め戻された。

油圧ショベル

海と小高い山に挟まれた地域での話。

海抜の低い地域を通る一桁国道から入った、狭くねった坂道を上がりきったところに、その道路工事の現場があった。すぐ脇にはお地蔵さんの納まったお堂がある。

重機やトイレを置くために、お地蔵さんの隣の畑を借り上げて、工事が始まった。

工事を始めると、すぐに油圧ショベルに不具合が多発した。エンジンが掛からない、電気系統に異常が出る。騙し騙し使っていたが、工事の日程は遅れるばかりだ。

ある朝、現場に油圧ショベルを投入しようとしたときに、トラブルが起きた。

周囲に金属を打ち合わせるような音が響いた。操縦者が何事かと席から顔を出す。

「ダメだダメだ！」

音を聞きつけて、小走りで駆けてきた現場監督が声を上げた。

「あー。外れちゃってますねー」

履帯《りたい》がずれて真横に外れていた。旋回時や平坦でない道で履帯が外れることは稀に起きる。しかし今回はエンジンを入れただけで動いていないのだ。外れた理由が分からない。

「今付けますから大丈夫ですよ。うーん。でも俺パワーショベル扱って長いけど、こんな外れ方したことないよ」

バケットで地面を突き、外れている側の車輪を浮かせた。履帯の張り《テンション》を調整するためにグリスシリンダーを緩め、履帯のマスターピンを外す。

「ちょっと！　危ない危ない！」

監督が叫んだ。支えていたバケットがゆっくりと下がってきていた。監督の声がなければ足の爪先を持っていかれていたかもしれない。

「あー、これダメかもしれませんね。工場送りかなぁ」


結局、工期は大幅に伸び、工場に送られた油圧ショベルも一台や二台ではない。中には油圧ショベルを回収に来た工場の輸送車まで動かなくなった例もあった。

ただ、そこから二十メートルしか離れていない次の現場では、全く不具合が出なかったのも気持ちが悪いという。

黄金中年男性

堀江君は家でぼーっとしながらテレビを眺めていた。すると、視界の端にキラキラとしたものが見えた。

目の錯覚かと思ったのだが、次第にそれは視界の中央に入ってきた。光っているのは金色のおじさんだった。歳は中年を過ぎた頃だろうか。全身に福々しく肉が付いている。

そのとき、テレビの中でタレントのトークが盛り上がった。その内容に引き込まれる。

そんな堀江君の都合に構わず、全身金色のおじさんは、はぁはぁと吐息を漏らしながら、躙《にじ》り寄ってくる。

しかし急に出現した黄金中年男性よりも、テレビの内容のほうが気になって仕方がない。

やたらと光るおじさんの煌《きら》めきが眩《まぶ》しくて、テレビに集中できない。

とうとう、おじさんは堀江君にグリグリとおでこを押し付けてきた。

トークに引き込まれている堀江君にとっては、おじさんのアピールが邪魔で仕方がない。

おじさんの顔に手を押し当て、視界からグッと退かそうとしても、金色のおじさんはニコニコとした満面の笑顔のまま、より力強く迫ってくる。

「邪魔すんな！」

力一杯両手で退かすと、漸く視線から消えてホッとしたという。

堀江君の話を聞いていた花織さんが、何となく思い浮かんだのは大黒様の姿であった。

「そのおじさんってさ、もしかしたらこんな感じ？」

七福神の絵をネットで検索して、彼に見せると、堀江君は力強く頷いた。

「そうですそうです！」

「もしかしたら、大黒様を装った何かかもしれないけど、惜しいことをしたかもね」

「何でですか」

キョトンとした顔を見せる。

「大黒様って福の神だからさぁ」

宝くじやギャンブルの勝率を訊くと、負け続けだという。

あの正体が何だったか分からないが、あのやたらと自信に満ちた押しの強さは、福の神なら納得だという。

おかみさん

母方の実家は離島だった。年に何度か家族で遊びに行くのだが、その度に母に言い聞かされることがあった。

もしもその日が「おかみさん」が通る日であるなら、家から一歩も出てはいけない。通り過ぎるまでカーテンを引いて、外を見てはいけない。

「おかみさん」が海から上がってくる日は、何月何日と、はっきり決まっている訳ではないらしい。だから、遊びに行った日がたまたまそれに当たっていたなら、我慢してくれと。

母方の祖父母や親戚は神様の類を総称して「おかみさん」と言うので、それは何の「おかみさん」なのかと訊けば「龍神様」と答えた。島で一番力を持った神様なのだそうだ。

お盆の時期であったと思う。

夕方着いた早々、今夜は「おかみさん」が通るから家から出てはいけない、と言われた。

「ただでさえ盆は地獄の釜の蓋の開くとに、今年は『おかみさん』も通らっさるけんなぁ」

——つまらない。

従兄弟と二人、ふてくされた。

子供部屋の閉ざされたカーテンの向こうからは、遠くのほうで高く澄んだ鈴の音がしている。

「何の音？」

「消防団の見回りやろう。ばあちゃんの言いよんなったけん」

従兄弟はそう言って口真似をしてみせる。

──ぴーひょろろー。

鳶《とび》のような澄んだ鳴き声。鈴だと思った音が、言われてみれば鳥の鳴き声にも思えた。聞こえ方が酷く曖昧で、それでも耳の当たりは悪くない。

音を耳で追いながら、ふと外にいるのは本当に消防団なのか確かめたくなった。

「ちっと外ば見てみろう」

「ええー、じいちゃんとばあちゃんの言いよんなったろう？　音のせんごつなるまでいかんて」

「音ば誰の鳴らしよると？」

「ばあちゃんの言いよんなるけん、消防団やろう」

「外、誰も出たらいかんとにや？」

途端、従兄弟の眉根が寄る。大人も子供も「おかみさん」の通る日は外に出てはいけないし、通るのを見てもいけない。いつもそう言い聞かされているのに、消防団だけが外にいる。

祖母は確かに言った。消防団が見回っている、と。だが、音の出処がそうだとは一言も言っていない。ただ音が鳴り止むまで家の中でじっとしているように言われただけだ。

「見ろうや」

従兄弟はこちらの誘いに今度は首を横には振らなかった。

遠かった音がだんだん近くなってくる。

窓のすぐそばまで音が迫ってきたとき、迷うことなくカーテンを開けた。


「お前、何を見たとや」

翌日、歳の離れた兄に訊かれた。言われて思い出そうとしたが、そこだけすっぽりと記憶が抜けていた。

窓のすぐそばに白装束の人影らしきものを見たのは覚えている。その後のことがまるで思い出せない。どうやら従兄弟も同じであるようで、後で訊いたときに首を傾げていた。

「えぇっと、……消防団?」

「そうじゃなか」

兄は酷く苛立たしそうなつまらなそうな顔をした。

その年、お盆の最終日に予定されていた花火大会が中止になった。自分らと同じ年頃の子供が海で溺れたのだという。

海に上がる花火を楽しみにしていたので、とてもがっかりした。

あれから何だかんだ重なって、お盆に島へは行っていない。そうこうしているうちに祖父母も亡くなり、親戚も皆、島を出たので行く機会がなくなった。

あのときのことも、記憶が曖昧になってきている。他のことは割と鮮明に覚えているのに。ただ、子供部屋の窓は段差の連なる畑に面していて、とても人が立てる場所ではなかったのに思い当たって考えるのをやめたのもあるが。

兄は今でも時々問うけれど、やはりそこだけ思い出せない。

何となく、もう二度とあそこへ行くことはないだろうな、と思っている。

白海坊主

「俺だけじゃねくて、こいつも見たからよ」

源さんに声を掛けられた漁師さんは、トロ箱を抱えたまま大真面目な顔で頷いた。

富山湾を西から望む氷見は、〈きときと〉の魚が揚がる漁港の町だ。

季節によって様々な魚が揚がる。イワシ、マグロ、カマス、そして冬には名物の寒ブリ。

富山湾には五百種以上の魚が棲むという。

源さんをはじめとする氷見の漁師達は、富山湾のことならば最も詳しい専門家集団といえる。

「でもよ、あんなのがいるとは知らんかったよ――」

あるとき、漁を終えた帰りに、源さんは海面から両手を振っている人を目撃した。

まだ春だ。海水温も冷たい。富山湾は立山からの雪解け水が注ぎ込むこともあり、水温が上がらないのだ。浜から泳いでこられるような距離でもない。

釣り船から落ちたのだろうか。

以前にも救助したことがある。

だが、その釣り船の姿も周囲にはない。その理由が分からなかった。

このまま身体が冷えきってしまえば絶命するだろう。

船速を上げて近付いていく。すると、同じ船に乗っていた一人が声を上げた。

「源さん！　あれ人じゃねぇよ！」

つるりとした真っ白な顔には目も口も鼻もない。髪の毛も生えていない。それが肩から上を海面から出して、ずっと手を振っている。

手には人間のものと同じ五本の指。

これは近付いたら海中から何が出てくるか分からない。

そう思った源さんは、港に向けて慌てて舵を切ったという。

用具入れより帰る

藤川さんが小学一年の頃の体験だという。

授業開始前にトイレに行き忘れていた彼は、授業中に催してしまった。次の休みまでは我慢できそうになかったので、先生に言って、慌てて校舎端のトイレへと向かった。

ああ良かった。間に合った。

用を済ませて、手を洗い、急いで教室に戻る。その途中で背中に何かの気配を感じた。

立ち止まって振り返ると、手洗い場の前に〈変なもの〉が立っている。

身長は自分よりも高く、全身濃い緑色。亀のような甲羅にクチバシ。頭には皿。

絵に描いたような河童だった。

こいつ何をする気だろう。怖かったが、目を奪われた。

それは手洗い場でぴちゃぴちゃと皿を濡らすと、トイレの入り口脇にある用具入れの扉を開けて中に入っていった。

藤川さんは突然の未知との遭遇に怖くなり、急ぎ教室に帰った。

ただ、今となっては惜しいことをしたと残念に思っているという。

令和狸合戦

坂口さんと筑紫さんがショッピングモールに出かけたときのこと。

休憩がてらフードコートで茶でもしばくか——と、席を取ってドーナツを楽しんでいたところ、斜め向かいの席に違和感を覚えた。

四人掛けのテーブルに、不自然に引かれた三つの椅子。

席に着いているのは狸であった。

人の振りをしている狸であった。

食事を終えた三匹の狸は、人のような素振りで席を立つ。

狸と目が合ったので、坂口さんが試しに手を振ってみたら、〈狸の横っ走り〉で飛び退いて逃げていった。

「……椅子は三つ引いてあったけど、その席、誰もいなかったよ？」

筑紫さんには見えず、坂口さんには〈視えた〉狸のお話。

のたのた

鏡子さんという女子大生から聞いた話。

高校三年生の夏。夕飯を食べた後のことだ。数学の宿題が出されていた彼女は、自室で勉強をしていた。彼女は自室にいるときには、いつも部屋のドアを開けっ放しにしている。

特に深い理由はない。ただ、子供の頃に、親から用事で呼ばれたのに返事をしなかったのを注意されたことが原因かもしれないと、思っている。

呼ばれたのに聞こえないというのが、何となく嫌なのだ。

在室中は、廊下の電気は点けたままだ。

これも理由はよく分からないが、子供の頃からそういうことになっている。

宿題を終えた頃には、二十三時近かった。

そろそろお風呂に入って寝ないといけない。

耳を澄ますと、両親はリビングで映画を観ているようだ。

そのとき、部屋の前の廊下を、ドアいっぱいの大きさの白い何かがのたのたと通り過ぎていった。

例えるなら、真っ白な大型冷蔵庫。又は巨大なはんぺん。

——え、今の何？

しかし、それが向かったすぐ先はトイレで、廊下はそこで終わっている。

怖かったが、鏡子さんはこっそりとドアの影から廊下を窺った。

まだいた。やはり全体ははんぺんのように柔らかくて、ぷるんとしているようだ。それがゆっくりと左右に揺れながら、トイレのほうに向かって移動している。

部屋を飛び出す訳にもいかない。ドアを閉める訳にもいかない。

そのままじっと見ていると、廊下の端に到着したそれは、壁に溶け込むようにして姿を消した。

それを確かめた直後、リビングまで走っていき、今見たことを話した。

両親も確認してくれたが、異状はどこにも見当たらなかった。

未だにあれが何だったのか分からない。

餓鬼

真夏の暑い日のことだった。

夕刻から床に寝転がり、四肢を放り出して寝てしまった。

気付けば真夜中だ。ライトも点けていないので、部屋の中は真っ暗だ。その暗闇の中で、自分の頭のほうから、小さくかさこそと乾いた木の枝同士を擦るような音が聞こえてくる。

何の音だろう。微かな音だが、虫が立てる音にしては大きい。

その音がゆっくりと頭の上のほうから、左手の側へと移動していく。

暗い部屋の中で、音の主を見ようとした直後、左手の小指の付け根に鋭い痛みが走った。

手を伸ばして、部屋の電気の傘から伸びている紐を引く。

急に明るくなったので、一瞬視界が暗くなる。

小指の付け根には、まだ何かが刺さっているような痛みがある。電灯の光を遮るように手を翳して視線を向けた先に、赤黒いものがぶら下がっていた。

ネズミの類だろうか。手を持ち上げてよく見ると、それは頭が禿げ上がり、手足は細く、腹が丸く出っ張った餓鬼だった。

それが小指の付け根に歯を立てて、顎の力で噛み締めるようにしてぶら下がっている。

思わず右手で払うと、それは左手から落ちて本棚の影へと走り去った。

左手はまだ痛む。手首を伝わった血が滴って畳を汚した。傷をティッシュで拭うと、肉を抉り取ったような小さな歯形から、だくだくと血が溢れてくる。


結局あれが何だったのか未だに分からない。

お盆の期間の出来事だった。

傷は思いのほか深かったのか、左手の歯形は二十年近くずっと残ったままだ。

かたかた

友達の葵ちゃんの家は築百数十年という、古くて大きな家だった。

彼女の家に遊びに行った同級生の何人かは、居間で箪笥の後ろから女の子が顔を出して覗いてくると噂していた。葵ちゃんはその噂を否定せず、よくあることだからと笑っていた。

そんな葵ちゃんが自宅に遊びにくると、毎回毎回仏壇が小さく揺れた。

自宅は鉄筋造りだ。トラックが近くを走っても、仏壇が揺れるようなことはない。

単純に不思議だった。

居間で葵ちゃんと二人でお喋りをしていると、いつの間にか仏壇が小刻みにかたかた揺れ始めるのだ。

その度に二人で顔を見合わせて、何でだろうね、と話をした。

だが、仏壇もそこまで暴れるようなこともなく、特に気にするほどのことでもなさそうだったので、親にも誰にも言わずにそのままにしていた。

彼女が来たとき以外で、仏壇が揺れた記憶はない。

箱詰め

「おじいさんは箱詰めにして、閉じ込めておくものだって思っていたんですよ」

歩美さんはそう言って、子供の頃の体験を話してくれた。

彼女が子供の頃に住んでいた家には、ガリガリに痩せて蓑笠を被ったおじいさんが納戸の中で体育座りをしていた。らしい。

もちろん親類でも何でもない。ただ、幼い頃の彼女には、よくこの世ならざる存在が見えていたから、その類のものだったのだろう。

だから彼女にとっては、自宅の納戸におじいさんがいるのは当たり前だった。

さらに、彼女が小学校低学年の頃に引っ越してきた転校生の家に遊びに行くと、その家の半間の押し入れに、やはりガリガリに痩せたおじいさんが緩いパンツ一丁を身に着けた姿で立っていた。

やはりどの家でも、おじいさんは、狭いところに閉じ込めておくものなのだ。

歩美さんはそう確信した。

更に彼女の考えが決定的になったのは、親戚の家に行ったときの体験があったからだという。

一族の本家に相当する歩美さんの親戚は、大変に裕福だった。

何家族も住めるような広い家に住んでいた。

恐らく法事か何かだったのだろう。そこに家族で行ったときに、歩美さんはその家の娘である佳穂さんというお姉さんと隠れんぼをして遊んでもらった。

何度か隠れたり見つけたりを繰り返し、そろそろ二人で隠れんぼをしているのにも飽きたなという頃に、佳穂さんが悪戯っぽく言った。

「歩美ちゃんに、いいもの見せてあげようか」

いいものって何だろう。

「これ、見たって誰にも言っちゃ駄目だからね」

黙って頷くと、佳穂さんはにっこり笑って、こっちこっちと手招きした。

彼女が連れていってくれた部屋の押し入れの中には、赤い漆塗りの箱があった。

佳穂さんがその箱を開けると、中に、白帷子《かたびら》を身に着け、頭に白い三角の天冠《てんかん》を着けたおじいさんが横たわっていた。

「おじいさんだ」

「そう。大事に大事にしまってあるのよ」

彼女の記憶はそこまでだ。

しかし、歩美さんの家と転校生の家は、それらの家から逃げるようにして出ていく羽目になった。大事にしまってある家は繁栄を続けた。

だからずっと、お金持ちの家では、おじいさんが箱詰めになって大事にされていると思っていた。

今でもちょっと思っている。

カエルマン

「河童じゃないんですよ。本当にもっと蛙っぽい奴で、髪の毛とか皿とかもなくて。ああ、一番違うのは目ですよ。頭の横からちょっと飛び出てるんです」

確かにそう説明されると蛙のようだ。それが久保君の自宅の斜《はす》向かいに、二本足で、ぬぼうと立っていたという。

小学三、四年生くらいの身長で、服は着ていない。ぬらぬらとした肌を夏の大気に晒している。こんな夜中に着ぐるみか何かだろうか。

それにしてもリアルだ。二足歩行の蛙。鳥獣戯画か。

こういう変なものは無視するに限る。久保君は、あえて見ないようにして家に入った。

今日はアルバイトが忙しくて疲れていた。だからさっきのは何かの見間違いなのだろう。

そう思い込もうとする。

——でも蛙って、伸ばせば意外と足が長いんだな。

いやいや、あれのことは忘れよう。テレビテレビ。

そのとき、玄関のドアが勢いよく開く音がした。

「兄貴まだ寝てないよな！」

やはりバイトで遅くなった高校二年生の弟が大声を上げた。

「何だよ。大きな声上げるなよ。お母さん起きちゃうじゃんか」

玄関に移動すると、挙動不審な様子である。

「家の前に変なのがいるんだよ！」

「変なのって――蛙？」

そう訊くと、弟は何度も頷いて、ピースサインを出した。

「何それ」

「二匹！　二匹立ってんの！」


マジか。俺のときは一匹だったぞ。

そう答えると、弟は、まだいると思うから、確認しようと誘った。

二人で玄関のドアを開け、こっそりと音を立てないようにいそいそと見に行った。

だが二匹の蛙男達は、もうそこにはいなかった。

蛙煎餅

蛙煎餅――車のタイヤに轢かれてぺちゃんこに潰された蛙の遺骸が、陽光に炙られてできあがる。真莉さんは、この蛙煎餅に良くない思い出がある。

初夏の午後。爽やかな風の吹く頃の話だという。

彼女が新潟県の実家近辺の農道を愛車で飛ばしていると、前方のアスファルトに動くものが見えた。

子猫か何かだろうか。

何であれ生き物を轢くのは嫌だった。ブレーキを掛けてスピードを落とす。

後続車はない。その蠢《うごめ》いているものの横まで、のろのろと徐行していく。

近付いて驚いた。大柄な蛙が二匹、二本足で立ち、蛙煎餅を背に、えっちらおっちらと路肩に向かって運んでいた。

目を疑った。こんなことってあるのかしら。

窓を開けて、まじまじと覗き込む。

その直後、二匹の蛙達は真莉さんのほうに向き直った。

蛙の凄みのある視線に射すくめられた。

それ以来、彼女は蛙が冬眠している時期にしか実家へ戻っていない。

ぎらりと輝くあのときの瞳が今も忘れられない。

麻袋

現在八十代後半の浜崎さんが、子供の頃の記憶だという。

彼は小学校に上がる前までは、夜中に起き出すと、家族に黙って一人でふらりと出かけるという悪癖があった。特に真夏は毎晩のように深夜に遊びに出かけた。

当時の田舎のことである。冷房などはない。窓を開け放し、蚊帳を吊って夜風の中で寝る。

彼の家は庭に厠が建てられており、とにかく夜中でも催してしまったら、蚊帳から這い出し、縁側のつっかけを履いて、庭の隅にある便所にまで行かねばならない。

ただ、夜の厠にはでかい蟲が這い回っていたし、そんなところで尻を丸出しにするのも嫌だった。

小便であれば、立ち小便で済ませてしまえばいい。

ただ、浜崎さんは、自宅の敷地内では立ち小便をしたくなかった。過去に花の植わっているところでやってしまって、叱られたからだ。

だから近所の用水路まで出かけて、毎夜その水面目掛けて尿を飛ばした。

そして月が綺麗な夜は、すっきりしたところで、そのまま散歩に出かけるのだ。

その夜は普段とは違っていた。小便を済ませて気が付いたのは、黒い影が用水路に膝上まで浸かりながら何かを探している姿だった。よく見ると、黒い影は一人ではなく、四、五人もいる。いずれも水面を見つめて水中に沈んでいるものを探している。

皆自分よりも背の高い竹竿を持っている。

しまった、と思った。自分の出したものが、水流に乗ってそちらに流れていくからだ。慌てて帰ろうとすると、おいと呼び止められた。

「お前は何だ」

もじもじしていると、更に三体の影が用水路から上がって近寄ってきた。

影には、目も鼻も口もなかった。服も着ていない。ただ人の形をした濃い黒色の何か。

「俺達は頭を探してるのだ」

「お前にも見せてやろう。ほれ、これだ」

影の一人は手に持っていた麻袋を開いて、中を見せた。

月明かりの中でよく見ると、麻袋には、人の頭部が詰まっていた。

「スイカじゃないぞ。水に浸かっていたから、よく冷えてるけどな」

重そうな麻袋の中には、人の頭部がみちみちに詰め込まれているらしい。

「この生首をお前に一個やるから、それを持って帰れ」

有無を言わせぬ口調だった。

影は麻袋に頭部を一つ詰めると、さぁと言って渡してきた。

それから記憶がない。

朝起きたら、麻袋は厠の横に落ちていた。中は空っぽだった。

影から受け取った生首は、それ以来時々現れては、浜崎さんのことを恨めしそうな目で見る。それ以上のことはない。

「あいつ、今でも時折出てきては、俺のことをじっと見てんだよ。あれから八十年だぜ。俺のことを子供ん頃から知ってるのは、とうとうあの首だけになっちまったよ」

さばさばした口調だったが、そこにどんな思いがあるのかまでは、まるで読み取ることができなかった。

生首

宮地さんという女性から聞いた話。

秋も深まる頃だったという。彼女の母親は、女学校時代の友人に家に遊びに来ないかと誘われた。

久しぶりの旅行だったこともあり、楽しんでらっしゃいよと送り出した。

その旅行から母親が戻ってきた晩のことである。

宮地さんは寝る準備をしていた。

母親は既に布団に横になり、仰向けで雑誌を眺めていた。

宮地さんが歯磨きをしながら目の前の鏡を見ると、そこには廊下を隔てて母親の布団が映っている。

その布団に見慣れないものがあった。布団を被った母親の腹の上に、女の生首が乗っているのだ。

女は鏡越しにじっとこちらを見つめている。表情は読めない。

慌てて振り返ったが、母親の布団の上に生首などなかった。再度鏡を見ても、もう何も映っていない。

気のせいだろうか。

だが、その夜から一週間ほどに亘り、宮地さんは女の生首の出る夢を見続けた。

「最近余りよく眠れていないみたいだけど、大丈夫？」

母親から声を掛けられた。

実は怖い夢を見て、何度も起きてしまうのだと、先日の女性の生首の話をした。

すると母親は驚いたような顔をして、友人の家で起きたことを教えてくれた。

友人の家に泊まった際に、女性の叫び声が室内で響くのを耳にしたというのだ。

友人と二人きりなのに、そんな声が響いたのは何故だろうかと首を傾げた。友人には何も聞こえていなかった様子だし、気のせいだと思うことにした。

気にはなったが、その部屋に布団を敷いてもらった。

うとうとしていると、足元に死に装束を身に着けた女性が立ち、じっとこちらを見ている。

叫び声の主はこの女性だと直感した。しかし眠気が酷くて、どうすることもできない。

そんな話だった。

女性の顔の特徴を挙げてもらうと、やはり生首の女と同一人物のようだ。

それ自体も不思議な話だが、この話を聞いてから生首は夢に出なくなった。突然のことに訝しく思ったが、眠れないよりはいい。

生首を見てから半年が過ぎた。

その間、次第に母親の体調が悪くなり、病院で診てもらったところ末期の大腸癌が見つかった。既に全身に転移しており、余命も僅かとのことだった。

母親は、それから三カ月と保たなかった。

最期の日、宮地さんは病室に入るなり、手に持った荷物を取り落とした。

もう意識のない母親の下腹部に、あの生首が黙ったまま蹲るようにして乗っていた。

某ファミレスのトイレ

前園は都内のとあるファミレスで一人コーヒーを飲んでいた。

営業回りが思ったより早く終わり、少し時間を潰してから退社のタイムカードを切ろうという腹づもりだった。

夕方のファミレスは家族連れが目立ち、和やかな雰囲気に包まれていた。

前園は三杯目のコーヒーを取りにドリンクバーへ向かって立ったが、歩いている間に尿意を催し、トイレに入った。

レストランの面積に合わせてかトイレは妙に広く、七、八個の男性用と四部屋の個室が設置されていた。

男性用の一つの前に立って、ファスナーを下ろす。

店内BGMはトイレまで届かないようで、とても静かだった。

用を足していると一人の男児が入ってきた。

何か戸惑っているようで、キョロキョロと辺りを見渡している。

一人で用を足せないほど、幼いようには見えない。家族を探しているのか。それとも何か別の用事があるのか。

あどけなく目を泳がせてうろうろする男児の姿が少し可哀想に見えたものの、見知らぬ子供に声を掛けていいものかと、前園は迷った。

「パパァ……ママァ」

心細い音量だったが、はっきりとその声が聞こえた。

やはり、家族を探しているのだ。迷子ならば声を掛けるべきだろう。

「どうしたの？」

男児を驚かせないよう、手を洗いながらいかにも何げなくそう言った。

「パパァ……ママァ」

男児は泣きそうな声でもう一度家族を呼んだ。

「おじさんがパパとママを探してあげようか？」

目を見てはっきりとそう言うと、男児はまるでたった今大人の存在に気が付いたかのようにハッとした表情を浮かべ、ゆっくりと首を傾げた。

この子、こんなに顔色が悪いのか……。

脂汗も滲んでいるじゃないか。

首を傾げる動きも恐ろしく緩慢《かんまん》で、まるで時間の感覚がおかしくなりそうだ……。

ほら、首が。

ゆっくりと傾き。

ありえないほど曲がって。

終いには顔が下に落ちたぁ。

「うわあああ」

前園はトイレを飛び出した。

「店員さん！　ちょっと！　トイレに子供がいて大変だ！」

前園は店員の一人を捕まえて「見てもらったほうが早い」とトイレのドアを勢いよく開けた。

するとそこには洋式便器が一つあるのみだった。

浩江ちゃん

同級生の浩江ちゃんは天才だった。何をやらせても成績はトップ。運動も学業も何でもできる。美里にとっては憧れの人でもあった。

二人は小学生の間は、ずっと同級生だった。

今思い返せば、その間、浩江ちゃん関係で納得できないことがいろいろとあった気がする。


小学校四年生のときに、学校でコックリさんが流行した。美里は特に興味がなかったが、浩江ちゃんは興味津々だった。

ある日、帰宅前に、浩江ちゃんは他の同級生とコックリさんをしていた。浩江ちゃんとは一緒に帰る約束だったので、美里はコックリさんが終わるのを待っていた。

「ごめん。待たせたね」

「いいよ。そんなに待ってないし」

二人で教室を出て、校門から暫く歩いた。そこで美里の足が急に痛み出した。

何の拍子なのか、カクンと力が抜けた。片足を引き摺るようにしても、痛みでまっすぐ歩けない。

真っ青な顔をした美里に、浩江ちゃんは大丈夫かと何度も訊いたが、明らかに大丈夫ではない。家の前まで肩を貸してもらいながら帰った。泣きべそをかきながら帰宅した。

足の付け根が痛い。畳の上に倒れた。ますます痛みは強くなる一方だ。母親も戸惑った様子で足を擦るが、それが痛い。

金切り声を上げて泣いてると、心配した近所の老婆が駆けてきた。彼女は美里のことを一目見るなり大声を上げた。

「コックリさんしたべ！」

コックリさんのことは老婆には告げたことはない。

「そんなの、あたしやってない！」

泣きながらそう訴えても、痛みが引く訳ではない。老婆は母親に大声を上げた。

「お前何やってんだ。早く病院連れてけ！　この子はコックリさんに骨外されたんだ！」

母親は半信半疑な様子だったが、美里を抱え上げて、車で病院に担ぎ込んだ。

股関節から大腿骨が外れていた。

診断した医者もおかしいおかしいと首を傾げた。結局、美里は三カ月の入院を余儀なくされた。股関節に血が溜まるのでそれを抜く必要があり、一日の大半をベッドに横になって過ごした。

一方でコックリさんに参加していた同級生達は全員無事だったという。

退院した頃には、季節は巡り冬になっていた。

次は四年生の三学期の頃だという。

美里は浩江ちゃんと体育の授業で、二人組になって体操をしていた。

そのとき、不意に浩江ちゃんの後ろに何か見えるなと思ったら、首が回らなくなった。

今度は首の骨が外れた。


入院中に、浩江ちゃんは何度かお見舞いに来てくれた。そのときに、何で浩江ちゃんは勉強も運動もできるのか、何かコツがあるのかという話になった。

「あたしね。小学校一年生の頃は凄く頭が悪くてさ。後になって急に運動も勉強もできるようになったんだ」

「きっかけって何かあったの？」

「うん。秘密だよ」

彼女はそう言うと、声を潜めて教えてくれた。

「×××したんだ」

確かに聞いたはずだが、彼女が何と言っていたのかを思い出せない。

きっと思い出してはいけないのだ。そう美里は考えている。


その後、浩江ちゃんの家は父親が首を吊って亡くなった。

近所では、お父さんが首吊りをしたのは、浩江ちゃんの家の祖母と母親のせいだという、まことしやかな噂が流れた。特に年寄りの間では、あの家では何かいけないものに願掛けして子供達が天才になったから、その代償として父親を持っていかれたということになっているようだった。知り合いが、嬉しそうにそんな噂をしているのが嫌だった。

その頃から、浩江ちゃんも彼女の兄も見なくなった。

ある晩、美里は、険しい顔をした母親に呼ばれて、浩江ちゃんのことを忘れろと言い含められた。

あの家はね、回り回っていろいろ戻ってきたのよ。だからね。もう浩江ちゃんにも、あそこの家のお兄ちゃんにも会えないわ。

忘れなさい。

美里。ね。良い子だから忘れなさい——。

卒業式

「最後はね、皆諦めた」

小林さんはそう言って、高校時代の思い出を教えてくれた。

彼の同級生には、高校二年生の水泳の授業で亡くなった女の子がいる。

クラスで特に目立つところのない子だった。ただ、彼女が学校を休んだことはなかったように記憶している。持病があるとも聞いていない。授業中の突然の心不全。

そのときは大騒ぎだが、時間が過ぎれば次第に皆落ち着いていく。一年半経てば卒業式だ。もうその頃には、彼女は過去の人になっていた。

ただ卒業式では彼女の席が作られ、遺影も飾られた。

「その椅子が、何度拭いても濡れてるんだよ。幾ら拭いてもダメだからさ、先生も俺達も、ああ、そういうもんなんだって、変に納得しちゃってさ――」

椅子の下に水溜まりができて、そこにパタパタと水が滴る音が、卒業式の間中ずっと体育館に響いていたという。

真似はできない

友人の一人に実家の寺を継いだ者がいる。

住職になってから大分経つのだが、しっかりとした立派な体躯の割に大層な怖がりで、未だに「そういうこと」に慣れないという。大凡《おおよそ》僧に向いているとは思えないのだが、それなりに檀家からは信頼されている。

仕事柄お祓いを頼まれることもあって、毎回「成仏を願って経を上げる以外何の役にも立てないと思うのですが、それでもよろしいですか」と何度念押ししても、何かしら相談されるくらいには。

確かに「視える」し「分かる」。彼曰く「視える」ことと「対処できる」こととは別問題であるらしく、「そういうことができるのは一部の選ばれし者達で、拙僧のような平凡な僧には過度な期待はしないでほしい」と切に願っている。

先々代住職である彼の祖父は、その「一部の選ばれし者達」の一人であったようで、豪放な「手腕」で以て、持ち込まれた問題を解決していた。

友人が子供の頃の話だが、本堂にうっすらとした霊が出るようになった。気配が薄いくせに何事か小声でブツブツ呟いている。そんな仄《ほの》かな存在でも怖いものは怖い。なるべく本堂に近付かないようにしていると、気付いた祖父が足音荒く本堂へ。

「声が小さい！」

一喝。

「そんなだから成仏できんのだ！」

エクスクラメーションマークが、あと五つくらいは付いていたのではないかと思わせるような音量である。

「もっと！　大きな声でっ！　はっきり姿を現さんかあっ！」

「ひぃっ」

小さな悲鳴を上げて霊が掻き消えた。思わず霊に同情した瞬間であった。

それから暫く経ったある日、祖父は檀家に呼ばれた。幽霊が出るようだから一度見てほしい、という。果たして、リビングの隅に佇む影。目にした瞬間、数珠を巻いた手でグッと拳を握る。

「いいですか！」

ゴツン！　と重い音がしそうな拳が霊の顔に繰り出された。

「幽霊というものはあなた達の不安が形になったものです！」

顔は家人に向いたまま、拳は霊に降り注いでいる。

「こんなものはいません！」

いないと言われたはずの幽霊が、どつき回されている。

「だから私は、あなた達の心が平穏であれと読経致します！」

そうやって経を唱えながらパンチングマシーンが如く拳を見舞い続けて間もなく。

「ご、ごめんなさい、許してください」

泣き声を残し、家の者達の目の前で逃走した。お祓い（物理）成功である。因みに祖父は極真空手の黒帯であった。

「親父が行くとな、お盆なのにお墓が静か〜になるんだわ」

父である前住職がボヤいていたのを覚えている。

そんな祖父も鬼籍に入って暫く経つ。

「祖父ちゃん、俺結婚できるのかなあ」

独身生活も長い彼が、何げなく仏壇に向かって呟いてすぐ、お供えの花が全部首からポロリと落ちた。全否定である。

「知らせなくていいよ、そういうのは」

もっともである。

あとがき　千話成就

とうとう十巻千話達成しました。百物語を標榜する実話怪談集は数あれど、十巻千話到達というのは手前味噌ながらなかなかの偉業なのでは、と今だけは自讃させてください。百物語の古来の作法では「霊が出るから九十九話でやめておく」というのがあるそうなんですが、「どうせなら出くわしてみたいので百話までやります」という感じで、毎巻疎漏《そろう》なく百話を積んで、漸くここまで来られました。偏《ひとえ》に著者各位、量の神沼、外連《けれん》の高田、ツボを切り裂くねこや堂――の三氏との奇蹟の協業《コラボ》と、ここまでお付き合いくださった怪談ジャンキーの皆々様の支えがあってこそです。ありがたい話です。

さて、十巻千話。ここまで長く続いた百物語は「キリがいいから」ということで十巻ちょうどでシリーズ完結になることが多いようです。つまり、百物語を冠する実話怪談で十巻千話の壁を越えた先行シリーズは、日本には恐らくほぼないはずです。ならば、我々がやるしかないじゃないですか。新陳代謝を経て次の目標、未曽有の二十巻二千話を目指して。

というわけで、次はまた来年。百物語、千一話目をお待ちいただければと思います。

加藤 一

十年千話

恐怖箱百物語シリーズ通称〈百式〉が、十年続くと思っていたかというと、そこそこイエスだ。漠然と続けばいいなと思っていたし、終わる気はしなかった。

少なくとも僕に関していえば、ネタ切れを起こさないだろうという自負心のようなものは、百聞から今までずっと持ち続けている。自信過剰ではない。経験による裏付けだ。〈いい話〉というのは、探せば訊けば出てくるのだ。作家になる以前も、二十年に亘って、奇妙な話、怖い話、不思議な話を聞き集めてきた。だからそのくらいは分かる。

ただ、十年経って、百式という箱は、新陳代謝の時を迎えたらしい。

今巻を以て、共著者の高田公太先生が百式を卒業する。

おめでとう。良い旅立ちを。

ただ、僕はまだまだこの地に立って、このシリーズの屋台骨を支えていきたいと思う。怪談好きとしても年間を通して一番好きな仕事だ。不思議でゾクッとするような話を愛してやまない読者諸賢、〈百式〉は終わらない。これからもどうぞよろしく。

神沼三平太

近況っぽいもの

洗濯物を干そうとベランダに出て、数年前のことを思い出した。我が家はマンションの決して低くはない階にあるのだが、そのときも洗濯物を干す為ベランダに出た。サッシの外側、サッシの上部、網戸の桟、窓の四隅、ありとあらゆる角になる部分に粗塩の塊がこびり付いていた。

マンションの外観は長方形の箱型で、ベランダ部分も四角くくり抜いたような形で外壁に取っ掛かりが全くない。外からベランダに侵入するのは不可能だ。隣との境は上下に数センチの隙間があるだけで、こちらのベランダに入ろうなど無理だ。

意味が分からなかった。結局、誰がこんなことをしたのか分からないままだ。

こんなことは後にも先にもこれっきりだったので、今の今まで忘れていた。

だからといって何かがある訳でもない。こんな気味の悪いことがあっても、概ね元気で過ごしている。まあ、大病は患ったけれども。祝・千話到達と高田氏卒業。

世間は今大変な状況だけれども、こんな感じで私は元気です。

ねこや堂

新しい風を

加藤さん、ねこやさん、神沼さん、私の四人で百話を紡ぐ今シリーズ、通称「百式」が晴れて十年の節目を迎えた。以前、「トリニティ」と呼ばれていた、恐怖箱作家三人組の文庫本が年に何度か出ており、百式の第一冊目が出たとき、私はこれをそのような類のものとして捉えていた。しかし、どういう訳か百式は、後年トリニティ型の刊行物が出版されなくなってからも、同じ著者でひたすら続いた。次年度のスケジュールの報せには必ず「来年もあります」と書かれていた。百式は編著者・加藤一の趣味が色濃く、怖い、笑える、変、掴み所がないなど、様々な実話怪談を提供し続けた。ゲラが出ると皆で「今回の出来もいいねえ」と感想を言い合い続けての十年だ。固い実売数があってのシリーズ継続なのだから、手前味噌だろうと胸を張りたい。

私は今作を以て、百式を卒業する。理由は百式に新しい風が吹いてほしいからだ。百式の次作からは、私の一番弟子である高野真君が参加する。読者の皆さん、高野君をよろしくお願いします。百式のみんな、今までありがとね。

令和三年　高田公太

本書の実話怪談記事は、恐怖箱 煉獄百物語のために新たに取材されたものなどを中心に構成されています。快く取材に応じていただいた方々、体験談を提供していただいた方々に感謝の意を述べるとともに、本書の作成に関わられた関係者各位の無事をお祈り申し上げます。

あなたの体験談をお待ちしています
http://www.chokowa.com/cgi/toukou/

恐怖箱公式サイト
http://www.kyofubako.com/

恐怖箱 煉獄百物語

2021年8月5日　初版第一刷発行

編著……加藤 一
共著……神沼三平太／高田公太／ねこや堂
カバーデザイン……橋元浩明（sowhat.Inc）

発行人……後藤明信
発行所……株式会社　竹書房
〒102-0075　東京都千代田区三番町8-1　三番町東急ビル6F
email: info@takeshobo.co.jp
http://www.takeshobo.co.jp
印刷・製本……中央精版印刷株式会社
